KB188883

상처받은 사람들의 치유 이야기

치유의 고백

김유비

로고스
테라피

프롤로그

    이 책은 상처받은 사람들의 이야기다. 누군가는 이들의 이야기를 읽으면서 유독 마음이 힘들 것이다. 어쩌면, 자신 안의 해결되지 않은 상처가 있을지 모르겠다. 책을 덮을 만큼 고통스럽다면, 무엇 때문에 힘든지 깊이 생각해 보기를 바란다. 상처를 방치하면 악화

된다.

또 다른 누군가는 이 책이 구체적으로 무엇을 말하려고 하는지 궁금할 것이다. 나의 대답은 간단하다. 치유는 과정이며, 상처는 여전히 아프다는 것이다. 상처는 극적으로 단 번에 치유되지 않는다. 치유는 언제나 당신의 예상보다 더디며, 치유의 과정은 길고 길다.

치유에 관한 장밋빛 이야기를 듣고 싶은 사람은 이쯤에서 책을 덮는 것이 좋겠다. 상처의 고통을 외면한 채, 치유의 감격을 누릴 수 없다. 치유를 말하기 전에, 반드시 상처의 고통에 대해 말해야 한다.

나는 상처의 고통을 생략하지 않았다. 내가 목격한 그대로를 써 내려갔다. 그들의 상처는 당신의 예상보다 깊고 아프다. 상처의 고통을 지나 치유를 목격하기를 원하는 사람은 용기를 내어 다음 장을 펼치기를 바란다.

그들의 이야기 속에서, 당신은 알게 될 것이다. 당신은 혼자가 아니다. 그들을 치유하신 예수님께서, 당신을 치유하실 것이다.

좁은 방안에 마주 앉아 나누었던 대화가 글이 되어 세상 밖으로 나왔다. 조심스러웠다. 나는 그들을 지키고 싶었다. 그들의 이름을 가명으로 표기하는 것만으로는 부족했다. 고민 끝에 좋은 방법을 찾아냈다. 서로 다른 이야기를 합치기로.

두세 사람의 이야기를 합치면 안전할 거라고 생각했다. 합쳐진 이야기는 세상에 존재하지 않는 새로운 인물을 만들어낸다. 내가 모르는 얼굴로 새롭게 나타나 세상에서 가장 현실적인 이야기를 들려준다. 눈을 감고 그들이 상담실 문을 열고 들어오는 장면을 그려보았다. 내담자를 처음 만나는 긴장과 설렘을 글에 담기 위해 노력했다.

그러므로, 그들의 이야기는 세상에 존재하지 않는 가장 현실적인 이야기이다.

목차

도둑을 지키는 여자

희수는 잠을 이룰 수 없었다. 자리에서 일어나, 현관 앞에 앉았다. 아파트 복도를 지나가는 사람들의 발소리가 들릴 때마다 그녀는 손에 쥔 야구방망이를 단단히 잡았다. 혹시라도 누군가 문을 열면, 사정없이 내려칠 작정이었다.

그녀가 열여덟 살 때였다.

"희수야. 너 잠 안 자고 뭐 하는 거야?"

인기척을 느낀 엄마가 현관 앞에 우두커니 앉은 희수에게 물었다.

희수는 대답하지 않았다.

"잠을 안 자고 뭐 하냐고?"

희수는 현관문을 똑바로 응시한 채, 차가운 목소리로 대답했다.

"도둑 지키잖아." 엄마는 당황했다.

"도대체 무슨 소리 하는 거야? 쓸데없는 짓 하지 말고, 빨리 가서 자."

"엄마는 상관하지 마."

다음 날, 희수는 정신과 치료를 받았다. 정신과 의사는 희수에게 아무런 이상이 없다고 말했다.

"요즘 고등학생들이 스트레스가 많아요. 입시로 인한 스트레스 때문에 일시적으로 일어나는 현상이니까 너무 걱정하지 마세요."

희수의 엄마는 불안했지만, 의사의 말을 신뢰하고

싶었다. 정신과에 다녀온 이후에도, 희수는 한 달에 한 번꼴로 밤에 일어나 도둑을 지켰다. 그녀의 엄마는 시간이 빨리 흘러, 희수가 이상한 증상에서 벗어나기를 바랐다.

"왜 한 달에 한 벌꼴인지 아세요? 제가 생리하는 주기마다 도둑을 지킨 거예요. 엄마는 같은 여자면서, 그것도 모른 거죠. 얼마나 무심한 여자인지 아시겠죠? 저한테 관심이 없으셨어요."

비가 주섬주섬 내리는 토요일 아침이었다.
"그만 좀 자고 일어나. 주말마다 그렇게 늦잠을 자니? 엄마, 지금 오빠랑 백화점에 다녀올 테니까 일어나면 아침밥 챙겨 먹어."

희수는 샛눈을 뜨고, 시계를 확인했다. 엄마를 힐끔 보고는, 짜증 난다는 듯이 이불을 뒤집어쓰고 뒤돌아누웠다.

"고등학생이 잠을 저렇게 자." 현관에서 오빠의 목소리가 들렸다.

"그러게 말이다. 어쩌려고 저러는지 모르겠어." 엄마가 장단을 맞췄다.

"한심하다, 한심해." 오빠가 남긴 마지막 말에, 희수는 정신이 또렷해졌다. 잠이 오지 않았다.

그녀는 머그컵에 우유를 따라 전자레인지에 데우고 코코아 분말 가루를 세 숟가락 넣었다. 차 스푼으로 코코아를 저으며 창가에 섰다. 주섬주섬 비가 내리고 있었다.

머그컵 안의 코코아가 입술에 닿았을 때, 쇠로 된 현관문이 쿵쿵 울렸다. 그녀는 소스라치게 놀랐다. 손에 들고 있던 코코아를 놓쳤다. 머그컵은 바닥에 내동댕이 쳐지고 코코아는 사방팔방으로 튀었다. 그녀는 얼어붙은 채, 한 발자국도 움직일 수 없었다.

"저 택배인데요, 반품 있다고 해서 왔습니다. 안에 계시나요?"

그녀는 숨을 죽였다.

인터폰 쪽으로 천천히 걸었다. 카메라에 비친 남성은 검은색 모자와 마스크를 쓰고 있었다. 그녀는 그 자리에 털썩 주저앉았다. 아랫도리에서 뜨거운 느낌이 들었다. 코코아 위에 주저앉아서 그런 게 아니었다. 때아닌 생리가 시작된 것이다.

"뭐야, 이거? 집이 왜 이렇게 난장판이야?" 오빠가 말했다.

"희수야! 이게 뭐야. 이게 다 무슨 일이야?" 엄마가 말했다.

사방으로 튀겨서 굳어버린 코코아 자국은 차갑게 식어버린 핏자국처럼 참혹했다. 마치 살인사건의 현장을 방불케 했다.

"이게 무슨 일이래?"

희수의 엄마는 물걸레로 사방에 새겨진 코코아 자국을 닦아내면서 짜증스럽게 말했다.

침대에 누워 울고 있는 그녀를 내버려 둔 채였다.

자정이 넘은 시각, 그녀는 불안해서 견딜 수 없었다. 베란다 창고에서 오빠가 어릴 때 가지고 놀던 야구방망이를 꺼냈다. 정자세로 현관 앞에 앉아 밤을 지새웠다.

"꿈을 꿔요. 지금까지 여러 명의 상담자를 만나봤지만, 내가 왜 이런 꿈을 꾸는지 정확히 말해주는 사람이 없었어요. 나는 왜 이런 꿈을 꾸는 걸까요?"

그녀는 꿈에 대해 말했다.

"검은 옷을 입은 남자가 내 방에 들어와요. 검은 모자에 검은 마스크, 나는 그 남자의 얼굴을 볼 수 없어요. 그 남자는 내 존재를 알지 못해요.

나는 이 모든 것을 옷장 안에서 지켜보고 있어요. 그 남자는 옷장으로 다가와, 옷장 아래 서랍을 열죠. 나는 살짝 열린 옷장 틈으로, 그 남자를 마주 봐요.

그 남자는 서랍을 열고 내 양말을 훔쳐서 달아나요. 그 남자가 떠나고 나면, 나는 내 양말을 돌려달라며 엉엉 울죠.

이 꿈이 무슨 의미일까요?"

그녀와 나 사이에 묘한 긴장이 흘렀다. 그녀는 차분하게 나의 대답을 기다렸다. 궁금해서 던진 질문이 아니었다.

그녀의 의도가 무엇인지 본능적으로 알 수 있었다. 그녀가 내게 퀴즈를 낸 것이다. 내가 안전하고 믿을만한 사람인지 그녀의 방식으로 확인하는 것이다.

내가 어떻게 대답하느냐에 따라, 그녀는 상담실에 남을 수도, 상담실을 떠날 수도 있었다. 그녀는 이미 여러 명의 상담자를 만나봤고, 그동안의 상담이 도움이 되지 않았다고 말했다.

그녀는 새로운 상담자를 끊임없이 찾아다닌다. 그녀는 왜 다른 내담자들처럼 자신의 문제를 스스로 말해주지 않는가? 알 수 없었다.

나는 결정을 내려야 했다. 여러 가지 경우의 수가

떠올랐다.

첫째, 그녀가 그렇게 질문한 의도를 묻는다. 의도를 묻는 과정에서, 그녀 자신만의 고유한 "의미"를 찾아낸다. 그 과정에서 그녀가 무슨 일을 겪었고, 왜 그런 꿈을 꾸는지 듣게 될 것이다.

그러나, 내 앞에 꼿꼿하게 서 있는 그녀는 자신이 겪은 일을 순순히 말해줄 의도가 없어 보였다.

무슨 근거로 그렇게 판단하냐고 묻는다면, 나도 모르겠다. 그녀의 눈빛은 내게 답을 맞힐 수 있겠냐고 묻는듯했다.

둘째, 그녀의 질문에 직접적으로 대답하기를 거부하는 것이다. 상담자와 내담자의 관계를 건강하게 설정하기 위해, 잠시 동안 교육적인 대화를 나눈다.

상담자는 초능력자나 점쟁이가 아니다. 내담자가 모르는 것을 상담자가 알 수는 없다.

내담자가 이미 알고 있는 것들을 정리해서, 보다 명확하게 내담자에게 되돌려 주는 것이 상담자의 역할이다.

내담자가 상담자의 능력을 테스트한다거나, 상담자와 힘겨루기를 한다면 상담의 결과가 좋지 않을 것이다.

교육적인 대화를 통해, 내담자가 상담자를 바라보는 관점에 변화를 주는 것이다.

그러나, 이 역시도 효과가 없을 것 같았다.

만약 내가 그런 태도를 취한다면, 그녀는 예의 바르게 "그렇군요. 알겠습니다."라고 말하고 자리를 떠날 것이다.

셋째, 솔직하게 모르겠다고 말하는 것이다. 때로는 상담자 스스로가 자신의 무능함을 인정하는 것이 상담을 올바른 방향으로 이끌어간다.

상담자가 솔직하게 자신을 개방했기 때문에, 내담자가 적극적으로 자신을 개방할 수 있는 분위기가 조성되는 것이다.

단, 기술이 아닌 진심을 담아야 한다. 진심이 없으면, 상담자는 실제로 무능한 사람이 된다. 그러나, 진심을 담으면 무능도 실력이 될 수 있다.

내가 "모르겠다."라고 솔직히 말한다면, 그녀가 어떤 결정을 내릴까?

상담은 즉시 종결될 것이었다. 내가 그 말을 하자마자, 자리에서 일어나 상담실을 나가버릴 것만 같았다.

이제 남은 것은 단 하나.

그녀가 원하는 방식으로 대화하는 것이다. 그녀가 묻는 말에 군더더기 없이 대답하는 것이다.

만약 내가 틀린다면? 어차피 그녀는 떠날 것이다. 만약 내가 맞춘다면? 몇 회기를 더 할 수 있는 기회를 얻는 것이다.

그것이 내게 실제적인 유익이 있을까? 아니, 전혀 그렇지 않았다. 상담은 일대일로 비밀리에 진행된다. 그녀가 나를 유능한 상담자로 인정해준다고 해도 다른 내담자들에게 영향을 주지 않는다.

그렇다면, 나는 왜 그녀와의 상담을 지속하고 싶은가? 자존심 때문일까? '너도 다른 상담자들과 다를 바 없구나'라는 식으로 나를 평가하는 것이 불편한 것일까?

전혀 아니라고 말할 수 없지만, 단지 그런 이유에서 상담을 지속하고 싶지는 않았다.

그렇다면, 무엇일까? 나는 왜 그녀와의 상담을 지속하고 싶은 것일까?

이미 중년이 되어버린 그녀는 이제껏 자신을 안전하게 개방한 적이 없었다. 그녀가 퀴즈를 멈추지 않는 이상, 상담실을 전전하는 기약 없는 여정도 끝나지 않을 것이다.

그녀는 멈춰야 했다. 그리고, 진실을 말해야 했다. 그곳에 진정한 자유가 있었다. 내가 아니더라도 누군가 그 일을 해주기를 바랐다.

그녀는 유능한 상담자들을 십수 년 간 만나온 터였고, 기적은 없었다. 무능한 내가 그녀를 마주한 이유였다. 유능한 상담자들을 거치고 거쳐, 나에게 흘러든 것이다.

제아무리 유능한 상담자라도, 상담실을 떠나려는 내담자를 변화시킬 수는 없을 것이다. 상담자는 상담실 밖에서 아무것도 할 수 없다.

나는 무모해지기로 했다. 정면돌파를 선택한 것이다.

　"당신은 어릴 때, 성적인 공격을 받았을 거예요. 옷장에 숨을 수 있는 나이였다면, 아주 어린아이였겠죠. 끔찍한 일을 저지른 사람은 아는 사람은 아닐 겁니다. 익명의 사람일 거예요.

　당신이 고등학교 때 겪은 일은, 최초의 사건이 아닐 겁니다. 하지만, 당신은 나에게 그것이 최초의 사건인 것처럼 말했어요. 의도적으로 나를 혼란스럽게 한 것이죠. 그러나, 그것은 당신이 나에게 제시한 유일한 단서이자 힌트였을 겁니다. 내가 문제를 맞추기를 바란 것이죠.

　고등학교 때, 당신이 인터폰 앞에서 마주한 남자가 쇠사슬을 끊은 거예요. 그 바람에, 지하 감옥에 가둬놓은 괴물이 탈출한 것이죠. 당신의 내면 깊숙이 숨겨진 상처를 그 사건이 끄집어 낸 겁니다.

　당신이 어린 시절 끔찍한 일을 겪은 그날에도, 비가 내렸을 가능성이 높아요.

평소에 나는 절대로 내담자가 말하지 않는 내용을 앞서서 추측하지 않습니다. 내담자의 인격을 무시하는 행동이기 때문이에요.

그러나, 나는 지금 무모한 결정을 내렸습니다. 당신이 원했기 때문에, 내 멋대로 당신을 추측해버린 겁니다.

자, 이제 당신 차례입니다.

당신의 이야기를 들려주실 건 가요? 아니면, 평소처럼 예의 바르게 고맙다는 말을 남기고 상담실을 떠나버리실 건가요?"

그녀의 표정을 읽을 수 없었다. 그녀가 침묵한 몇 초의 시간 동안, 나는 늙어버릴 지경이었다.

그녀는 자세를 고쳐앉고, 차분한 목소리로 내게 말했다.

"다섯 살 때였어요."

###

"엄마 나갔다 올 테니까, 잠깐만 집에 있어."

"어디 가는데, 엄마?"

"갑자기 비가 오잖아. 오빠가 우산도 없이 학교에 갔어. 오빠 비 맞으면 안 되니까, 엄마가 데리러 가려고. 잠깐만 집에 있어. 우리 희수 씩씩하잖아."

희수의 오빠는 그녀보다 일곱 살이나 많았다. 열두 살 남자아이에게 비를 맞히지 않으려고, 다섯 살 난 여자아이를 집에 혼자 남겨둔 것이었다.

엄마는 우산을 챙겨들고 나가면서, 실수로 문을 잠그지 않았다. 단독주택이라 길 가던 사람이 담장 너머로 고개를 들면 거실이 훤히 들여다보였다. 희수는 거실에 누워 TV를 보고 있었다.

갑자기 거실 문이 열리고, 도둑이 들어왔다. 검은 모자, 검은 마스크를 쓴 강도는 희수를 덮쳤다. 어린 희수는 고통스러웠다. 하반신이 잘려나가는 듯했다.

비에 젖은 남자의 냄새는 역겨웠다. 남자는 희수를 바닥에 내버려 두고, 안방으로 들어가 돈이 될 물건들을 훔쳐서 달아났다.

희수는 가만히 일어나 옷장으로 걸어갔다. 피에 젖은 속옷을 벗어서 세탁기에 넣고 새로운 속옷으로 갈아입었다.

"희수야! 이게 무슨 일이야?"

엄마는 안방으로 달려 들어가, 잃어버린 물건들을 살폈다. 장롱 안에 곗돈이 사라진 것을 알고 나서, 엄마는 하얗게 질려버렸다.

"넌 그때 뭐하고 있었어?" 희수를 째려보며 물었다.

"여기 이렇게 누워 있었어." 희수는 소파에 엎드린 채로 말했다.

"이 바보 같은 계집애야. 도둑이 들었으면, 얼른 도망쳐야지. 거기 그러고 있으면 어떻게?"

오빠가 옆에서 거들었다. "내가 있었으면, 야구 방망이로 콱 그냥 때려 눕혔을 텐데…."

희수는 침묵했다.

###

나는 충격에 손발이 떨렸다. 손에 쥐었던 만년필을 놓치고 말았다. 만년필이 그녀의 발 앞으로 굴러떨어졌다. 곧바로 몸을 숙여 만년필을 집어 들 여유가 없었다.

그런 내 심정을 이해라도 한다는 듯이, 그녀는 차분하게 몸을 숙여 만년필을 집어 들었다. 만년필을 건네주면서, 그녀가 말했다.

"처음이에요. 다른 누군가에게 그날의 일을 말해 본게⋯."

나를 진정시킨 것은 그녀였다. 그녀의 도움으로 나는 충격에서 벗어날 수 있었다. 그녀가 따뜻한 표정으로 나를 기다려 준 것이다.

댐의 수문이 열리듯, 그녀는 자신 안에 담겨 있던 이야기를 방출했다.

"엄마는 오빠밖에 몰랐어요. 내가 정신과를 들락거

릴 때, 오빠는 유학 준비를 하고 있었거든요. 단독주택을 팔아서 복도식 아파트로 이사를 했어요. 그 돈으로 오빠 유학 자금을 만들어준 거예요. 오빠는 지금 잘 먹고 잘 살아요.

엄마가 저한테는 뒷바라지 못해준다고, 독일로 유학 가라고 했어요. 거기는 학비가 없으니까 아무래도 수월하지 않겠냐고.

가서 일 년쯤 지났나? 오빠가 전화를 했어요. 엄마가 아프니까 귀국하라고. 돌봐줄 사람이 없으니까, 나보고 돌봐주라는 거죠.

오빠가 그랬어요. '나는 결혼해서 신혼인데, 어떻게 아내에게 병수발을 들게 하냐'고요. '네가 와서 돌봐야 한다'고.

저도 참 어리석었죠. 엄마가 아프다는 말에, 걱정이 되더라고요. 귀국해서 엄마를 돌봤어요. 그렇게 십 년이 지났죠.

엄마 돌아가실 때까지 내가 병수발을 다했는데, 엄마가 내 앞으로는 아무것도 남기지 않으셨어요. 오빠

앞으로 전부 돌려놓고 세상 떠나셨죠.

내가 이렇게까지 해도, 소용없는 건가? 엄마한테는 오빠밖에 없는 건가? 많이 슬프더라고요.

장례식장에서 오빠가 그랬어요. '고생했다. 이제 네 인생 살아라.'라고.

답답했어요. 어디서부터 어떻게 다시 시작해야 할지 몰랐거든요. 내 인생을 갈아 넣어서, 엄마를 보살핀 것 같았어요. 세상을 떠난 엄마가 부러울 정도였으니까요.

엄마 돌아가시고, 오빠가 아파트를 팔았어요. 오피스텔을 장만해주더라고요. 그래도, 양심은 있구나 했는데, 나중에 보니까 오피스텔이 오빠 명의로 되어 있었어요.

지금은 연락도 안 하고 살아요. 오빠를 보고 싶지 않거든요."

###

그녀는 내게 용서가 무엇이냐고 물었다.

어떻게 하면, 엄마를 용서할 수 있는지 물었다. 세상을 떠난 엄마가 미워질 때는 도무지 어떻게 해야 할지 모르겠다고 말했다.

어떻게 하면, 오빠를 용서할 수 있는지 물었다. 성경을 읽거나 말씀을 들을 때마다 오빠를 미워하는 마음 때문에 양심이 찔린다고 말했다.

'용서라니….'

내 안에 분노가 일어났다. 상담이 궤도를 이탈했다. 상담자, 목사와 같은 호칭이 얼굴에 엉겨 붙은 거미줄 같았다. 나 역시 사람이었다. 상담자의 기능을 벗겨내고, 한 사람의 인간으로 그녀 앞에 마주 섰다.

"용서를 구해야 할 사람은 당신이 아닙니다."

"네?" 그녀가 움찔했다.

"용서를 구해야 할 사람은 당신이 아니라 그들입니다."

다소곳하게 앉아 있던 그녀는 몸의 균형을 잃었다. 고개를 숙이고 이마를 짚었다. 점차 그녀는 걷잡을 수 없는 감정의 소용돌이로 빠져들어갔다.

그녀는 이내, 폭포수와 같은 눈물을 쏟아냈다. 감옥에서 풀려난 괴물이 떠내갈 만큼, 강력한 물줄기였다.

"저는 단 한 번도 누군가를 좋아해 본 적이 없어요. 남자에 대한 호감조차 없었거든요. 젊을 때, 내가 좋다고 따라다닌 남자들이 있었는데, 번거롭게 느껴져서 떼어내는데 힘들었어요."

그녀가 살아온 인생에서 연애와 관련된 기록은 단한 줄도 찾아볼 수 없었다. 남자와의 사랑, 이것은 그녀가 살아온 인생과 전혀 관련 없었다. 그곳에는 정말로 아무것도 존재하지 않았다.

"남자분들이 가까이 다가오면, 저는 부담스러워서 멀리하고 싶거든요. 때로는 일상생활에서 부딪힐 때가 있어요. 그러면, 저는 어떻게 해야 할지 모르겠어요.

얼마 전에, 교회에서 행사가 있었거든요. 같이 봉사하다가, 어느 남자 성도하고 사소한 의견 충돌이 있었어요. 너무 사소해서 그분은 무슨 일이 있었는지 알아채지 못했을 거예요.

하지만, 저는 복잡한 감정으로 빠져들었어요. 괴로워서 미칠 지경이었죠. 더 이상 그 자리에 있을 수 없었어요. 집으로 와 버렸죠. 수면제를 한 알 먹고, 곧바로 잠들었어요. 미쳐버릴 것 같았거든요."

"여기 의자는 뭐죠?" A가 말했다. 머리가 희끗희끗한 중년 남성이었다.

"글쎄요. 잘 모르겠어요." 그녀가 말했다.

"그럼, 이것 좀 치우죠. 사람들이 지나는 자리에 이런 게 있으면 다칠 수도 있잖아요."

"제가요?"

"아, 아니에요. 제가 말실수를 했네요. 그냥 제가 치

울게요."

A는 허리를 굽혀 의자를 들어 올렸다. 몇 걸음 걸어서, 구석진 곳에 의자를 가져다 놓았다.

그녀는 의식적으로 A와 멀리 떨어져 있으려고 애를 썼다. 그러나, A는 그녀의 노력을 전혀 눈치채지 못했다.

교회를 방문하는 사람들에게 자리를 안내한다고, A가 계속 나서는 바람에, 그녀와의 동선이 겹쳤다. 한꺼번에 사람들이 몰려들어오는 탓에, 자리를 안내하는 사람들이 분주했다. 그 과정에서, A와 그녀가 살짝 부딪혔다.

A가 전혀 의식하지 못할 정도의 충돌이었다. A는 여전히 자기 자리에서 서서, 밝게 웃으며 다른 사람들을 맞이하고 있었다.

그녀는 더 이상 웃을 수 없었다. 감당할 수 없는 감정이 그녀를 짓눌렀다.

그녀는 함께 행사를 준비하는 여자 전도사님께 갑자기 머리가 어지럽다는 말을 남기고 급하게 자리를 떠났다.

"나는 남자 상담자인데, 그건 괜찮으신 가요?" 내가
물었다.

"교회에 계신 목사님들에게는 불안한 감정을 느끼
지 않는 것 같아요." 그녀가 말했다.

"특별한 이유가 있을까요?"

"글쎄요. 목사님들은 조금 안전하다는 느낌이 들어
요. 아무래도 일반 사람들하고는 다르신 분들이니까
요. 물론, 그렇지 않은 목사님들도 계시기는 한데, 대
부분 좋은 분들이니까요."

"그렇군요. 한 가지만 더 묻고 싶어요. 내가 당신의
선택을 받은 특별한 이유가 있을까요?"

그녀는 잠시 생각에 잠겼다. 그리고, 내게 말했다.

"목사님도 상처받으셨잖아요. 적어도, 나를 비난하
지 않을 거라고 생각했어요. 솔직히 제가 이상한 사람

이잖아요.

　내 인생 밑바닥에 숨겨둔 진실을 누가 감당할 수 있을까. 내가 그 말을 내뱉은 순간, 내 자아가 파괴될지도 모른다는 막연한 불안감을 느꼈어요.

　목사님의 책이나 설교를 듣고, 내 이야기를 들어주실지도 모른다는 생각을 하게 됐어요. 그래서, 용기를 냈죠.

　막상 목사님을 만나니까, 또다시 두려운 거예요. 예의 없는 행동이었지만, 다른 상담자들에게 했던 방식으로 목사님을 테스트 한 거죠.

　사실 저는, 처음부터 목사님께 제 이야기를 전부 꺼내놓고 싶었어요. 목사님이 내 꿈 이야기를 듣고 엉뚱한 이야기를 하셨더라도, 제 이야기를 하고 말았을 거예요.

　상처받은 사람만이 상처받은 사람의 심정을 알겠죠. 목사님은 이해해주실 것 같았어요. 목사님도 아프셨으니까요."

　탐정놀이는 어리석은 것이었다.

나는 부끄러움을 무릅쓰고, 그녀를 바라보았다. 그녀가 점차 희미해졌다. 두 눈에 눈물이 고여, 초점이 흐려졌다.

나는 도무지 한 마디도 내뱉을 수 없었다. 그러면, 내 감정을 주체할 수 없을 것 같았다. 잠시의 공백을 두고, 나는 감정을 진정시켰다. 그리고, 어느 때와 다를 바 없이 상담 과정에 충실했다.

상담은 올바른 방향으로 나아갔다. 나의 미천한 능력과는 상관없는 것이었다. 그녀는 이미 자신을 개방하기로 결단했고, 변화의 의지 또한 누구보다 강했다.

무엇보다 예수님을 사랑하는 진실한 마음이 상담을 더욱 효과적으로 이끌었다. 상처는 완치될 수 없지만, 예수님의 사랑과 말씀으로 상처를 돌볼 수 있다는 나의 견해에 그녀는 적극적으로 동의했다.

우리는 많은 대화를 나누었다.

나는 그녀와의 상담을 종결하는 순간이 생생히 기억난다. 나는 그녀의 삶을 축복했고, 그녀는 밝은 미소를 남겨두고 상담실을 떠났다.

물가에 아이를 내놓는 부모처럼 마음 한편으로 두려웠으나, 그것은 잘못된 감정이었다. 그리스도가 그녀를 지켜주실 것이다. 나는 안심해야 했다.

"예수님은 여기 좁은 상담실 안에 머물지 않으신다. 이곳을 떠나는 그녀와 동행하신다. 상담은 종결되어도, 치유는 종결되지 않는다. 그리스도는 영원히 그녀와 함께 하신다."

이것이 나의 고백이었다.

그녀가 떠나고, 나는 창가에 서서 한참을 머물렀다. 마음속으로 간절한 기도가 흘러나왔다. 나의 진심이 예수님께 전해지기를 바랄 뿐이었다.

그녀를 떠나보낸, 저녁이었다. 피곤한 몸으로 집에 들어서자, 다섯 살 난 막내딸이 뛰어나왔다.

"아빠!"

현관 앞에서 마주한, 다섯 살 자리 여자아이. 내 딸

과 그녀가 겹쳤다. 그녀가 애처롭게 나를 쳐다보는 것
같았다. 나를 바라보며, 도와달라고 애원하는 것 같았
다.

나는 아이를 끌어 앉았다. 왈칵 눈물이 터졌다. 자
신을 끌어안고 엉엉 우는 아빠를, 아이는 멍하니 쳐다
보았다. 내 얼굴을 두 손으로 감싸며 따뜻한 목소리로
말했다.

"아빠, 울지 마."

울고 있는 나를 달래느라, 아이는 오랜 시간 내 품
에 머물렀다.

천사의 노래

"아까 은아가 뭐라고 한 거야?" 미주가 남편에게 물었다.

"뭘 뭐래? 검정고시 일주일 남아서 긴장되니까, 은아가 기도해달라고 했어."

미주의 표정이 좋지 않자, 주혁이 미주에게 되물었

다.

"왜? 기분 나빴어?"

"기분 나쁠 게 뭐가 있어. 목사가 기도해주는 거 당연하지."

"근데, 분위기가 왜 이래? 말하고 표정 하고 다르잖아."

"내가 부탁 하나 할까?"

"뭔데?"

"기도는 보이는 데서 해도 되는 거잖아. 굳이 그 좁은 방에 기어들어갈 필요는 없어."

"기어 들어가?"

"둘이 문 닫고 방에 들어가는 게 불편하다는 말이야. 굳이 그럴 필요는 없어."

"아니, 은아가 따로 할 말이 있다고 하는데, 어떡해?"

"몰라, 나는 기분 나빠. 은아가 당신을 쳐다보는 눈빛도 그렇고, 당신 눈빛도 마찬가지고."

"살다 살다 참 별말을 다 듣네. 당신 이러는 거 유치하지 않아? 그냥 고등부 학생이야."

"나도 알아. 그러니까, 신경 쓰이게 하지 말라고."

"당신이 신경 쓰지 마."

"나 지금 말장난하는 거 아니야. 걔가 하고 다니는 것 좀 봐. 나보다 성숙해."

"그만하자. 나 이러다 폭발하겠어. 사람을 뭘로 보고."

"내 말은 듣기 싫고, 은아 말은 귀에 쏙쏙 들어오나 봐?"

"아니, 지금 무슨 소리를 하는 거야? 말 같은 소리를 해야지. 말도 안 되는 소리를 하잖아."

주혁은 숟가락으로 식탁을 내리치고, 자리에서 일어났다. 쿵 하고 문을 닫는 소리가 미주의 고막을 후려쳤다.

미주는 식탁에서 일어나, 식탁에 놓인 그릇을 싱크대에 옮겨 담았다. 손도 대지 않은 음식이 고스란히 버려졌다.

###

"처음에는 '내가 너무 민감한가?' 그 정도로만 생각했어요. 하지만, 날이 갈수록 은아에 대한 집착이 심해졌어요. '내 판단이 옳았구나' 확신을 가진 건 한참 뒤였어요."

###

"나 오늘 늦게 들어가." 전화기 너머로 주혁의 퉁명스러운 목소리가 들렸다.

"왜 무슨 일 있어?" 미주가 물었다.

"오늘 수련회 답사야. 주말이라 고속도로 많이 막힐 거야. 기다리지 말고 먼저 자."

"알겠어. 조심해서 다녀와."

주혁의 목소리가 미묘하게 떨렸다. 미주는 불안했다. 일이 손에 잡히지 않았다. 미주는 주혁의 서재실로 성큼성큼 들어가, 지난주 고등부 주보를 살폈다.

수련회 일정과 장소가 적혀 있었다.

미주는 소파에 걸터앉아 손톱을 자근자근 깨물었다. '이렇게까지 해야 하나?', '아니야. 직접 두 눈으로 확인하는 게 차라리 나아.' 서로 다른 생각들이 미주를 덮쳤다. 미주는 자리에서 벌떡 일어났다. 직접 가보기로 결심한 것이다.

두어 시간 만에 수련회 장소에 도착했다. 경비실에 들러, 주혁의 자동차 종류와 색상을 설명했다. 경비는 그런 차가 온 적이 없다고 말했다.

자신이 먼저 도착했다는 사실에 미주는 안심했다. 구석진 곳에 차를 세우고, 의자 시트를 눕혔다. 멀리서 남편이 오는 것을 살펴볼 작정이었다.

그렇게 밤이 되었다.

미주의 눈이 빨갛게 충혈되었다. 주차장에는 개미 새끼 한 마리 보이지 않았다. 미주는 뭔가 잘못되었다는 사실을 깨달았다.

스마트폰을 꺼내, 남편에게 문자를 보냈다.

"잘 도착했어?"

곧바로 주혁에게 답장이 왔다.

"지금 다시 올라가는 길이야. 길이 너무 막혀서 새벽쯤에 도착할 것 같아."

주혁의 문자를 받고 미주는 황급히 차에서 내려 경비실을 향해 뛰었다. 거친 숨을 몰아쉬면서, 경비에게 다시 한번 물었다.

"검은색 카니발 차량 들어온 적 있나요?" 경비는 깜짝 놀라며 되물었다. "아니, 아직도 여기 계신 거예요?"

"네, 네. 그럴 만한 사정이 있어서요. 검은색 카니발 차량 들어온 적 없다는 거죠?"

"없었다니까요. 오늘 차가 딱 세 대만 들어왔는데, 여기 공사하는 차량이에요."

"알겠어요."

미주는 다시 주혁에게 문자를 보냈다.

"장난해?"

주혁이 답장을 했다. "뭐가?"

미주는 다시 차에 몸을 실었다. 시동을 걸고 무서운 속도로 내달렸다.

미주에게 답장이 없자, 주혁은 전화를 걸었다.

"당신 왜 그래?"

"지금 어디야?"

"말했잖아. 수련회 답사 다녀오는 길이라고. 길도 막혀서 짜증 나는데, 왜 자꾸 그래?"

미주는 참을 수 없었다.

"길이 막히기는 뭘 막혀? 지금 시속 160이야. 너 지금 어디서 뭐하고 있어?"

주혁은 잠시 침묵했다. 그리고, 차가운 목소리로 말했다.

"뭐야? 지금 나 미행한 거야?"

"내가 묻는 말에나 대답이나 해. 너 지금 은아랑 같이 있지?"

"또 그 소리야?"

"묻는 말에만 대답해!"

"무슨 소리 하는 거야! 진짜 미쳤나 봐. 전화 끊어!"

주혁은 일방적으로 전화를 끊었다.

미주는 갓길에 차를 세웠다. 운전대를 잡은 두 손이 부들부들 떨렸다.

"목사님, 저 은아인데요." 주혁의 전화기 너머로 은아의 목소리가 들렸다.

"어, 은아야. 웬일이야?"

"목사님 혹시 이번 주말에 시간 되세요?"

"이번 주말? 글쎄…. 무슨 일 있어?"

"다름이 아니라요. 요즘 공부가 안돼서 너무 답답해요. 바람도 쐴 겸, 제가 가고 싶은 대학에 한 번 가보려고요."

"그거 좋은 생각이네."

"그런데, 목사님."

"응."

"혹시 시간 되시면 같이 가주실 수 있으세요?"

주혁은 당황했다.

"그건 생각을 조금 해봐야 할 것 같은데…. 주말에 목사님이 바빠서 시간을 낼 수 있을지 모르겠어."

"아, 그래요…. 그러면, 목사님 시간 되시는 날 같이 가요. 그래 주실 수 있죠?"

주혁은 거절할 수 없었다.

"그러자, 그럼."

반대편에서 은아의 들뜬 목소리가 들려왔다. 통화를 끊고 주혁은 생각에 잠겼다. 옳지 않은 결정이라는 것을 알았지만, 주혁은 은아를 외면할 수 없었다.

"은아는 결핍이 있는 아이에요. 저도 처음에는 은아가 불쌍해서 잘 챙겼거든요. 이렇게 될 줄 꿈에도 몰랐어요.

은아는 선교사님 자녀예요. 어릴 때부터 마음고생을 했겠죠. 현지에서 적응을 못했어요. 은아 부모님이 고민이 많았겠죠. 결국, 한국에 있는 친구 목사님 가정에 은아를 맡겼어요.

그 친구 목사님이 저희가 모시는 담임 목사님이세요. 제 남편은 그 교회 부목사인 거죠. 남편이 고등부를 맡은 시점에 은아가 온 거예요.

남편이 은아를 데려다가 저녁 한 번 먹이자고 말하길래 그러자고 했죠. 저녁을 먹으면서 은아가 살아온 이야기를 들었는데, 마음이 아프더라고요. 남편과 제가 은아를 끌어안고 엉엉 울었어요.

그때부터 남편이 은아에게 연민을 느낀 것 같아요. 은아와 자주 만나서 대화를 나누고, 잘 챙겼죠. 은아를 만나고 온 날이면, 저녁 늦게까지 은아 이야기를 했어요.

처음부터 그런 건 아닌데, 시간이 갈수록 기분이 이상해지는 거예요. 마음 같아서는 "왜 하루 종일 은아 이야기야? 내 이야기는 안 들어줘?"라고 말하고 싶었어요.

한 마디 쏘아붙이고 싶은데, '유치하게 내가 왜 그러지?' 생각하고 말았죠. 자존심 상하잖아요. 그냥, '저러다 말겠지. 언제까지 저러겠어.' 그 정도로만 생각했어요.

남편이 은아 이야기를 할 때마다, 가슴에 뭐가 걸린 것처럼 답답했거든요. 그때는 이유를 몰랐지만, 지금은 알아요. 남편도 결핍이 있는 사람이거든요. 남편이 은아에게 빠져버릴까 두려웠던 거죠.

은아의 결핍과 남편의 결핍이 교묘하게 얽혀서, 이런 상황까지 온 것 같아요.

남편과 제가 어떻게 처음 만났는지 말씀드리고 싶어요. 은아와 저는 겹치는 게 많아요. 아마 남편은 스스로 잘 모르는 것 같은데, 저에게서 느꼈던 감정을 은아에게도 느끼는 것 같아요. 남편은 인정하고 싶지 않겠지만요."

###

미주의 직업은 간호사였다. 3교대로 돌아가는 고된 일은 미주의 삶을 갉아먹었다. 미주는 버텨야 했다. 미주의 월급은 미주의 독립이었다.

스스로 돈을 벌면서, 지긋지긋한 집을 떠났다. 미주는 아버지가 싫었다. 폭력적인 아버지는 미주가 성인이 되어서까지 손찌검을 했다.

아버지의 맨손이 얼굴에 닿을 때, 미주는 소름이 돋았다. "차라리 매로 때리라"고 울부짖어도 소용없었다. 술에 취한 아버지는 자기감정에 충실할 뿐이었다.

아버지의 폭력에 견디다 못한 미주는 맨발로 집을 뛰쳐나왔다. 갈 곳이 없었다. 미주는 주머니에 담겨 있던 자동차 열쇠를 발견했다. 엄마의 부탁으로 저녁에 장을 보고 와서 미처 빼놓지 못한 열쇠였다.

미주는 가만히 운전석에 앉았다. 서러운 감정이 복받쳐 올랐다. 미주는 울다 지쳐 잠에 들었다.

퍽, 퍽, 퍽.

미주를 깨운 것은 야구방망이었다. 아버지는 술기운에 야구방망이를 들고, 미주를 찾아다닌 것이다. 차 안에서 자고 있던 미주를 발견한 아버지는, 야구방망이로 사정없이 유리창을 내리쳤다.

자동차의 경보음이 울리고, 경비가 와서 말려도 소용없는 일이었다. 차마 입에 담을 수도 없는 욕을 하면서, 미주를 죽여버리겠다고 협박했다. 자동차 유리창이 사정없이 갈라졌다. 유리창에 새겨진 촘촘한 거미줄이 미주를 덮쳤다. 손가락 하나도 마음대로 움직일 수 없었다.

미주는 엄마에게 미안하다는 말 한마디를 남기고 집을 떠났다.

"제가 일하는 병원하고 집하고 두 시간 넘는 거리였거든요. 병원 가까운 쪽에 원룸을 얻었어요. 당연히 교회도 옮겨야 했어요. 집 근처 교회를 가면, 아버지를 우연히라도 마주칠까 봐 두려웠거든요. 남편을 만난 것도 그때쯤이에요. 새로 다니기 시작한 교회에서 남편을 처음 만났어요."

주혁의 전화기에 은아의 이름이 새겨졌다. 주혁은 전화를 받아들고, 밝은 목소리로 말했다.

"응, 그래. 은아야."

"목사님, 바쁘실 때 전화드렸죠?

"아니 괜찮아. 말해."

"혹시, 이번 주말에는 시간 되세요?"

같은 질문만 세 번째였다.

"이번 주말은⋯."

"바쁘신 거죠?" 은아는 풀이 죽었다.

"아니야⋯. 차라리 이번 주에 가자. 다음 주부터는 더 바빠질 것 같아."

"정말이에요, 목사님?"

"그럼. 그런데, 은아야. 목사님이 부탁하고 싶은 게 있어."

"뭔데요?"

"아무래도 은아하고 목사님만 단둘이 가면, 사람들한테 오해를 받을 것 같아. 혹시, 둘이 같이 가는 거 비밀로 해줄 수 있어?"

"그럼요, 목사님. 그렇게 할게요. 저도 비밀로 하고 싶었어요."

"그래, 고마워. 그럼 주말에 보자."

"아, 잠깐요, 목사님. 제가 드릴 말씀이 있어요."

"응, 말해."

"저, 있잖아요. 목사님이 좋아요."

"고마워. 나도 그래."

"그게 아니라요, 목사님. 저 진심으로 목사님을 좋아한다고요."

"…."

###

"남편이 은아에게 어떤 감정을 느꼈는지 알 것 같아요. 우리도 비슷하게 시작했거든요. 교회를 옮기고 처음 간 수련회에서 간증을 한 적이 있어요. 하나님이 제게 은혜를 주셨거든요. 그동안 제게 있었던 일들을 솔직하게 말했어요.

간증이 끝나고, 남편이 제게 다가왔어요. 많이 힘들었겠다면서 위로해주는데, 남편의 태도나 눈빛이 너무 좋더라고요.

그다음부터 남편이 계속 연락을 했어요. 거절을 하다가, 결국 처음 만나 식사를 했죠. 그 자리에서 제가 그랬거든요.

"지금 누구를 만날 상황이 아니다."

남편은 괜찮데요. 자기는 충분히 기다릴 수 있다고. 솔직히 남편이 그렇게 말할 때, 좋았어요. 저도 사랑받고 싶었나 봐요.

제가 거리를 두고 지냈는데도, 남편은 저를 기다리면서 헌신적으로 사랑하고 아껴줬어요. 결국, 제 마음도 열렸죠.

　남편은 섬세하고 따뜻한 사람이에요. 은아를 만나기 전까지는, 나만 사랑해줬어요. 귤 하나를 먹어도 제 입에 먼저 넣어줄 정도로 다정했었는데, 어쩌다 이렇게 됐는지 모르겠어요."

　주혁은 자정이 넘어서 집에 들어왔다. 미주는 미쳐 날뛰고 싶었지만, 주혁의 말을 끝까지 들어볼 작정이었다.

　"은아랑 같이 있었지?"

　"나중에 이야기하자. 지금은 상황이 복잡해서 무슨 말을 해야 할지 모르겠어." 주혁이 더듬거리며 말했다.

　"당신 정말 미쳤어? 고등부 제자하고 지금 뭐 하는 짓이야?"

　"당신이 생각하는 그런 거 아니야."

"아니기는 뭐가 아니야! 그럼, 뭔데?"

"지금 말하기 싫다고 했잖아."

"너 목사 아니야. 목회하지 마. 너 그럴 자격 없어. 당장 교회에 알리고, 너 같은 놈 두 번 다시 목회 못 하게 할 거야."

"그래, 잘 됐다. 제발 그렇게 해줘! 누가 목회하고 싶다고 했어? 지금까지 억지로 한 거야. 사람들 눈치 보는 것도 이제 지긋지긋해! 다른 일하면서, 나답게 살 거야. 알겠어?"

미주는 충격을 받았다. 주혁이 그러지 말라고 사정할 줄 알았던 것이다. 남편의 당당함에 미주는 무너졌다. 남편의 마음을 돌이키기에, 너무 늦어버린 것이다.

"너 미쳐도 단단히 미쳤구나. 완전 돌았어. 경찰에 신고할 거야."

"은아 고3이야. 내년에 대학 가. 이제 몇 달 안 남았어. 나 이혼하고 싶어."

미주는 바닥에 주저앉아 울었다. 그녀의 결혼이 이

렇게 허무하게 끝나버릴지 몰랐던 것이다.

###

"은아가 성인이 되면, 정식으로 마음을 고백하겠다고 했어요.

은아가 받아주지 않아도 상관없다는 바보 같은 말도 했고요. 자기 마음을 받아줄 때까지 기다린데요. 언제든 곁에서 지켜줄 거라고….."

미주는 남편이 은아에게 보낸 편지들을 보여주었다. 아내에게 이혼을 요구하는 동안, 은아와 주고받은 연애편지였다.

편지에는 도발적인 내용이 담겨있었다.

"차 안에서 너를 안고 있는 동안, 절제할 수 없는 감정이 밀려들었어. 너의 호흡, 너의 살결이 나를 미치게 만들었거든. 하지만, 참을 거야. 은아가 성인이 될 때까지, 소중하게 지켜줄 거야. 우리 조금만 견디자."

주혁은 유치하다 못해, 파렴치했다. 피가 거꾸로 쏟

는 듯했다. 미주가 편지를 찢어버리지 않는 것이 놀라울 뿐이었다.

나는 복잡한 심정으로 미주를 바라보았다. 미주는 내 눈빛에 대한 응답으로 차분하게 한 마디를 내뱉었다.

"미치겠죠, 목사님? 저도 그랬어요. 왜 자꾸 그런 생각이 드는지는 모르겠는데, 한 편으로는 이 인간이 불쌍하더라고요."

예상치 못한 미주의 답변에 내 작은 눈이 휘둥그레졌다.

미주는 차분하게 말을 이어갔다.

"저도 이 인간이 미웠어요. 지금도 밉고요. 그런데, 문득 궁금하더라고요. 도대체 이 인간이 왜 이럴까? 그러다, 알게 되었죠. 시어머니가 남편을 이렇게 키웠어요.

남편은 목사가 되고 싶은 마음이 없었어요. 시어머니의 강요로 목사가 된 거죠. 황당하게 들리시겠지만, 사실이에요.

남편은 시어머니에게 반항 한 번 제대로 못하고 살았어요. 착한 아들이었죠. 남편이 어머니 말에 순종한 덕분에, 전도사 때부터 어머니가 꼬박꼬박 생활비를 지원해줬어요.

좋은 목사님 밑에서 잘 배우라고 지금 사역하는 교회를 소개해 준 거고요. 몇 년 후에는 교회도 개척시켜주신다고 자주 말씀하셨어요. 크게 건물은 못 지어줘도, 상가 하나는 얻어줄 수 있다고 명절마다 말씀하셨거든요.

그럴 때마다 남편은 기가 죽었어요. 옆에서 지켜보는 저도 속이 상했죠. 그 사람도 그 사람 나름의 상처가 있을 거예요."

나는 고개를 끄덕였지만, 동의한다는 뜻은 아니었다.

"제 잘못은 아니겠지만, 제 안에서도 이유를 찾아봤어요. 남편이 왜 그랬을까? 계속 마음에 걸리는 게 있어요. 남편이 힘들어하는 동안, 제가 남편 곁에 없었거든요.

엄마가 많이 아팠어요. 엄마가 암 투병을 하는 동안 제가 엄마를 돌봤거든요. '엄마를 혼자 두고 나와서 엄마가 그런 몹쓸 병에 걸린 건 아닌가', 하루에도 몇 번씩 무서웠어요. 엄마가 이대로 세상을 떠날까 봐서요.

다행히 엄마는 회복되셨어요. 일 년이 넘는 시간 동안 엄마 곁에 있었네요. 남편이랑 여행이라도 한 번 다녀올 생각이었어요. 남편에게도 미안했고, 저도 많이 지쳐있었고…."

미주는 더 이상 말을 잇지 못했다. 그녀가 조용히 우는 동안, 나는 가만히 창밖을 바라보았다. 햇살이 눈을 찌르는 바람에, 자꾸 눈물이 났다.

"그런데, 목사님. 제가 엄마가 아플 때, 엄마 옆에서 기도를 했거든요. 엄마 대신 제가 아파도 되니까, 엄마를 낫게 해달라고요. 그런 기도가 응답되나 봐요.

남편이 속 썩일 때, 몸이 조금 이상하더라고요. 병원에 가서 검사를 했는데, 종양이 발견된 거예요. 곧바로 수술을 받았어요.

혼자 수술을 받고, 나오는데 서러워서 눈물이 나더라고요. 그날 결심했어요. 남편도 보내주고, 엄마도 내려놓고, 이제 나를 위해 살고 싶다고…."

###

병원에서 돌아온 미주는, 차분한 목소리로 주혁에게 말했다.

"이혼해 줄게."

"정말?"

주혁은 미주의 말을 반겼다.

"응. 며칠 만 기다려 줘. 나도 내가 살 집은 구해야 하니까."

"그럼, 물론이지."

"최대한 빨리 나갈 거니까, 걱정은 하지 말고."

"알겠어. 그동안 고마웠어, 미주야. 나 만나서 고생 많았고, 앞으로 잘 살아. 나도 잘 살게."

"우리 앞으로 이혼 관련해서 꼭 필요한 말만 하고,

서로 말 걸지 말자."

"그러고 싶어?"

"응. 나 더 이상 당신하고 말하고 싶지 않아."

"알겠어, 그럼. 꼭 필요한 말은 문자로 할게."

"그렇게 해."

주혁은 싱글벙글 웃으면서, 서재로 들어갔다. 은아와 통화하는 주혁의 목소리가 거실을 넘어, 미주가 있는 안방까지 크게 들렸다.

"응, 허락받았어. 이혼해준대. 응, 그래. 진짜라니까. 그래, 확실해. 이따 저녁에 만나. 응…. 나도."

미주는 화장대 위에 놓인 액자를 물끄러미 바라보았다. 미주와 주혁이 신혼 때 찍은 사진이었다.

미주는 아무런 감정도 없이, 액자에서 사진을 분리했다. 사진은 구겨져서 쓰레기통에 버려졌고, 액자는 상자에 가지런히 담겼다. 미주는 자리에서 일어나, 자신의 옷가지들을 꺼냈다.

여행을 가듯, 홀가분한 마음이었다.

###

"목사님, 제가 한 달 정도 상담을 쉬어야 할 것 같아
요. 선교지에 잠시 다녀오고 싶거든요. 제가 청년 때,
단기선교를 갔다가 은혜받은 곳이 있어요. 그곳에 계
신 선교사님께서 저를 많이 아껴주셨거든요.

꼭 다시 가보고 싶었는데, 살다 보니까 기회가 없었
어요. 이제 홀가분해졌으니까, 한 번 다녀오려고요.
도착하면 바로 연락드릴게요."

그녀가 선교를 떠난 한 달 동안, 그녀를 위해 간절
히 기도했다. 나는 그야말로 무능력했기 때문이다.

###

한 달이라는 시간은 의외로 짧았다. 그녀는 밝은 얼
굴로 내 앞에 나타났다.

"선교지에서 뜻하지 않은 은혜를 받았어요. 그곳에
서 아이들을 다시 만났을 때, 저는 깨달았어요. 내가

무너지는 동안, 예수님께서 내게 맡겨주신 사명을 놓치고 있었구나.

아이들이 다른 언어로 해맑게 찬양을 하는데, 천사의 노랫소리를 듣는 것 같았어요. 내 안의 모든 상처를 어루만져 주시는 예수님의 사랑이랄까. 주체할 수 없는 눈물이 흐르더라고요.

잠깐의 위기도 있었어요. 선교지에 있는 동안, 남편이 이혼소송과 관련해서 메신저로 말을 걸었는데, 나쁜 감정이 몰려오더라고요. 메신저 프로필이 커플링 사진으로 바뀌어 있었거든요. 둘이 손을 잡고 커플링이 크게 보이게 사진을 찍었더라고요.

당분간은 힘들겠죠. 계속 화나고 혼자 울고. 마음 같아서는 두 사람이 끔찍한 벌이라도 받았으면 좋겠지만, 주님이 원하시는 마음은 아니겠죠. 하루라도 빨리 벗어나고 싶어요.

하나님께서 내게 건강을 주시고, 새로운 은혜를 부어주시면, 다시 선교지로 나가고 싶어요. 선교지에서 제가 확실히 깨달은 게 있거든요.

"예수님은 정말로 나를 사랑하시는구나…."

미주는 목이 메이는지, 잠시 감정을 추슬렀다. 다음에 일어날 일을 예상이라고 했다는 듯이, 손수건을 꺼내 얼굴을 가리며 말했다.

"남편도, 부모도, 그 누구도 나를 사랑하지 않지만, 예수님은 정말로 나를 사랑하시는구나…."

미주는 오열했다.

나는 손수건이 없었다. 눈물이 흐르면, 흐르는 데로 내버려 두었다. 다행이었다. 미주는 손수건으로 자기 얼굴을 가려서 나를 볼 수 없었다.

나는 미주를 바라보았다. 눈물로 굴절된 시선은 착시현상을 일으켰다. 소파에 기대어 앉은 미주가 마치 예수님 품에 안겨 있는 듯했다.

나는 안심했다. 상담을 어떻게 마무리할지 걱정하지 않았다. 그동안 참아왔던 눈물을 마저 쏟아냈다.

###

상담을 종결하고 내 일상을 살던 어느 날, 미주는 내게 메신저로 안부를 전했다. 그것은 마치 손으로 정성스럽게 써 내려간 편지 같았다.

"목사님, 저는 요즘 풍랑 속에서 예수님을 만나고 있어요. 말 안 해도 무슨 뜻인지 아시겠죠? 두려움과 평안함 사이를 하루에도 몇 번씩 왔다 갔다 해요.

하지만, 포기하지 않을 거예요. 저는 지금 잠시 외국에 나와 있어요. 아무도 없는 곳에서 혼자 만의 시간을 보내고 싶었거든요. 다시 한국에 돌아가면, 그동안 못 해본 것들을 해보고 싶어요.

혼자 조용히 시간을 보내면서, 기도하고 있어요. 선교지에 가서 아이들을 돌보며 살고 싶은데, 그 꿈을 하나님께서 이루어주실지 모르겠어요. 생각나실 때, 함께 기도해주세요."

그녀가 보낸 글의 분량만큼 나도 답장을 보냈다. 답장의 세세한 내용은 기억나지 않는다. 응원이나 격려였을 것이다.

다만, 여러 번 썼다 지웠던 문장은 생생하게 기억
난다. 마음속에 담아두고 끝내 보내지 못한 문장이었
다.

"당신은 나를 치유했고, 내게 복음을 전했어요. 당
신은 더 이상 내담자가 아니에요. 당신은 치유자이며,
동역자입니다."

과도한 기대로 미주가 부담을 느낄까 두려웠다. 힘
든데 씩씩한 척할까 걱정스러웠다. 하지만, 내 가슴에
묻어둔 말은 진실이었다.

미주는 치유자이며, 전도자이다. 그녀는 몰라도, 주
님은 아신다.

별처럼 슬픈 밤

"참 바보 같지요. 앞날이 뻔히 보이는데, 두려워서 말도 못 하고 남자친구 뒷바라지를 했으니까요.

그 사람은 다른 여자를 만나 결혼했어요. 카카오톡 프로필 사진을 보고 알았어요. 가끔 생각날 때 확인해 봤어요. 터무니없지만, 아직 기회가 있다는, 뭐 그런 생각하면서요.

다른 여자와 찍은 사진을 처음 봤을 때, 잠을 잘 수 없었어요. 프로필 사진이 웨딩 사진으로 바뀐 날은 죽고 싶었고요. 지금도 밤마다 생각해요. 이대로 영원히 잠들면 좋겠다. 살아서 뭐 하겠어요. 살고 싶지 않아요."

그녀는 말했다. 남자친구가 떠나간 그날 밤, 모든 것을 잃었다고.

###

"괜찮은 남자라니까, 한 번 만나 봐."

"난 어린 사람 싫어, 언니."

"일단 한 번 만나 봐. 생각도 깊고 듬직한 애야."

교회 언니 소개로 그를 처음 만났다. 남자에게 흥미가 없던 터라, 일부러 남자를 만나지 않았다. 친한 사람들이 남자를 소개할 때마다 난처했다. 예의상 한 번 만나준다는 생각으로 마지못해 나갔다.

듬직한 체격, 다부진 어깨, 각진 얼굴. 그의 첫인상은 듬직하다 못해 부담스러웠다. 적당히 시간만 때우고 일어나자, 생각했다.

대화를 하는데 묘한 매력을 느꼈다. 외모와는 달리 부드러운 말투였다. 얼굴을 손을 가리고 웃는 소심함이랄까. 포근하고 따뜻한 느낌을 받았다. 한 번쯤은 더 만나도 될 것 같은 그런 남자였다.

두 달이 지난 후, 고백을 받았다. 어쩌면 처음이었다. 누군가 그녀를 좋아한다는 말을 듣고 설레였던 감정 말이다. 두 사람은 기념으로 반지를 맞췄다.

그녀의 나이 서른하나, 남자친구는 스물일곱, 네 살 연하의 남자였다. 남자친구는 군대를 제대하고 복학해서 졸업을 앞두고 있었다. 그녀는 회사생활 5년 차에 접어들고 있었다. 취업을 앞두고 심란해 보였던 그가 어렵게 말을 꺼냈다.

"나 대학원에 가야 할까 봐. 하고 싶은 공부가 있어."

공부를 하고 싶다는 그의 말에 그녀의 심장이 덜컹

내려앉았다. 그녀의 나이 서른하나였다. 공부를 마치고 나면, 서른셋이 된다.

사귄 지 187일이다. 선뜻 '결혼은?'이라고 물을 수 없었다. 우리 둘은 어떻게 되는 거냐고 묻고 싶었지만, 차마 말이 떨어지지 않았다. 무슨 말을 해야 할지 몰라, 머그잔을 손으로 감싸 쥐며 창밖을 바라봤다.

"걱정하지 마. 공부 마치면 우리 바로 결혼하자. 나 진심이야. 조금만 더 기다려줘."

그녀는 흐르는 눈물을 닦았다. 애써 태연한 척했다. 말없이 고개를 끄떡였다.

공부하는 동안 남자친구는 그녀에게 최선을 다했다. 학생의 장점이랄까. 퇴근 시간에 맞춰 그녀를 기다렸다. 카페 유리창 너머로 그를 바라볼 때마다 그녀는 행복했다. 시간은 빠르게 흘렀다. 그는 졸업을 앞두고 있었고, 두 사람은 결혼 이야기를 시작했다.

###

상견례를 앞두고 그는 초초하게 말했다.

"사실은 우리 부모님이 조금 까다로우셔. 특히, 어머니가."

'무슨 말을 하려는 걸까.'

"어머니가 결혼을 반대하셔서. 하지만, 걱정 마. 계속 설득하고 있어. 반대하셔도 할 수 없잖아. 내 결심은 달라지지 않아. 너도 오래 기다렸고."

설명할 수 없는 감정이 밀려왔다. 조각 케이크가 심장에 덕지덕지 달라붙은 기분이었다. 숨이 막혀 앉아 있을 수 없었다.

그가 어렵게 입을 열었다.

"사실 우리 엄마는…."

평소에 그는 어머니에 대해 말을 아꼈다. 어머니 이야기만 나오면, 시선을 피하고 말을 돌렸던 그였다. 그가 처음으로 어머니에 대해 말을 꺼냈다.

그의 아버지는 술만 먹으면 어머니에게 소리를 질렀다. 어머니는 아버지를 사랑하지 않았다. 떠나고 싶어도 떠날 수 없었다. 경제적인 이유였다.

"내가 아버지를 떠나지 못하는 이유가 뭔지 아니? 너 때문이야. 너 고등학교만 졸업하면 지긋지긋한 삶도 이제 끝이다."

그가 고등학교를 졸업할 무렵, 어머니가 말했다.

"이왕 이렇게 된 거, 너 결혼할 때까지는 참아야 되지 않겠니? 빨리 장가가라. 그래야, 지긋지긋한 삶에서 벗어나야 할 거 아니야."

그녀와 결혼하고 싶다고 말했을 때, 그의 어머니는 말했다.

"어디서 그걸 여자라고 데리고 왔어. 내가 고작 그런 년하고 결혼시키려고 이날 이때까지 참은 줄 알아!"

그는 답답했는지, 커피를 물처럼 들이켰다.

"말하고 나니 속은 시원하네."

그녀의 반응이 없자, 그가 조급한 듯 말했다.

"나한테 시간을 조금만 줘. 급할 거 없잖아. 올해까지 설득해보고, 그때 안되면 그냥 우리끼리 결혼해버리자."

한 달이 지난 후, 그의 어머니가 전화를 했다. 교양 있는 말로 안부를 물었다. 그리고, 본론을 말했다.

"우리 애가 우유부단해서 결정을 못 내리는 애야. 그러니까, 네가 결정을 내리는 게 맞지 않니? 이제, 우리 아들 그만 만나라. 너 나이도 있는데, 하루라도 빨리 좋은 남자 만나야지."

참을 수 없었다. 남자친구를 원망했다. 독설을 퍼부었다. 남자친구의 눈이 휘둥그레 커졌다. 그는 말없이 그녀의 말을 듣고 있었다. 그다음 날도 그의 어머니에게 전화가 왔다. 전화벨은 주말도 없이 부지런히 울렸다.

그녀가 전화를 받으면 릴레이 경주를 하듯 그에게 전화를 걸었다. 그의 어머니에게 걸려오는 전화는 쉬지 않고 울렸지만, 남자친구의 전화기는 고요했다. 그의 전화기는 꺼져있었다. 바통터치 되지 않는 릴레이가 계속됐다.

대학원을 졸업하고 대기업에 입사한 그는 회의 핑계를 댔다. 회의 중에는 모든 직원이 전화기를 꺼둔다고 변명했다. 퇴근 후에 야근, 회식 때문에 전화를 받지 못했다고 말했다. 그럴 때마다 그녀의 속이 새까맣게 타들어갔다.

수 십 번을 전화했을 때가 그가 전화를 받았다. 그녀는 이성을 잃었다. 길 한복판에서 소리를 지르며 말했다.

"야! 너 미쳤어. 어디서 지금 이따위로 사람을 대하고 난리야. 나도 아쉬울 거 없어, 알아? 너 같은 놈 나도 싫어!"

그는 침묵했다. 할 말 다 했냐고 물었다. 그리고, 전화를 끊었다.

그녀는 주말 내내 침대에 누워 일어나지 않았다. 혹시라도 남자친구에게 문자라도 오지 않을까, 머리맡에 전화기를 뒀다. 진동이 울리면 손을 뻗어 전화기를 확인했다. 스팸문자뿐이었다.

'설마, 그럴 리 없어. 나한테 이럴 수는 없어.'

출근은 했지만, 일을 할 수 없었다. 몸이 아프다고 핑계를 대로 집에 돌아와 누웠다. 하염없이 눈물이 흘렀다.

전화기가 부르르 떨렸다. 그가 보낸 문자였다.

"오늘 퇴근 후에 잠깐 보자. 하고 싶은 말이 있어."

그를 만났을 때, 그는 혼자 선언하듯 말했다.

"우리 여기까지야. 이제 그만하자. 나도 할 만큼 했어."

그녀가 어릴 때 아버지는 집을 나갔다. 아버지를 마지막으로 본 건 초등학교 오학년 여름 날이었다.

물건이 깨지는 소리에 잠에서 깼다. 화장대 거울에 금이 갔다. 깨진 거울에 엄마가 비쳤다. 거울에 비친 엄마 얼굴이 여러 개였다. 하나, 둘, 셋. 동시에 소리를 질렀다.

"이대로 나가면 어떻게!"

"내가 말했잖아. 잠깐 피하는 거라고."

아빠가 짐을 싸느라 정신이 없다.

"당신만 살면 되는 거야? 우린 어떻게 해?"

엄마의 눈에 눈물이 고인다.

"그게 아니라고 몇 번 말해. 일단 도망가야 해. 같이 살 집 구하면 내가 바로 연락할게. 일주일도 안 걸려. 나 감옥 가면, 우리 가족은 누가 먹여 살려. 나 절대로 감옥 안 갈 거야. 억울해서 미치겠다고."

"여보, 다시 생각해 봐. 그래도 이건 아니야. 우리도 데려가. 제발, 여보."

"애까지 데리고 어떻게 도망을 치라고. 비켜!"

아버지가 문을 박차고 나갔다. 엄마가 뛰어나가 아버지에게 매달렸다. 아버지는 뒤돌아보지 않고 걸었다. 엄마는 몇 미터 끌려다가 멈췄다. 무릎이 까진 채 엎드려 세상이 떠나가듯 울었다.

그녀는 창가에 서서 바닥에 쓰러져 우는 엄마를 바라봤다. '내가 없었다면, 아빠는 엄마를 데려갔을까.'

엄마의 대본에서 그녀는 아무것도 모르는 것으로 되어 있다. 엄마의 대본을 고치고 싶지 않았다. 대본 대로 행동하는 게 편했다.

그녀는 적절한 시기마다 대본에 쓰인 대로 말했다.
'엄마, 아빠는 언제 와?' 엄마 역시 대본에 충실했다.
"곧 오실 거야."

'엄마는 정말 몰랐을까. 아니면, 그렇게 믿고 싶었
을까.'

어린 그녀도 알고 있었다. 아버지의 발걸음은 일주
일짜리 발걸음이 아니었다. 아버지의 구두가 시멘트
바닥에 부딪혀 따닥따닥 내는 소리는, 모스 부호처럼
선명했다.

"다. 시. 는. 돌. 아. 오. 지. 않. 을. 거. 야."

아빠가 나간 후, 엄마는 시체처럼 누워 일어나지 않
았다. 뱃속에서 꼬르륵거리는 소리가 요동해도 엄마
를 깨울 수 없었다. 배가 고프다고 엄마를 깨우면, 밥
대신 욕을 얻어먹었다.

방은 어두웠다. 엄마는 울다 자다를 반복했다. 이

틀에 한 번 엄마가 일어나 돈 만 원을 던져줬다. 돈을 집어 들고, 집 앞 가게에 가서 담배 한 갑과 라면을 사 왔다.

이모에게 전화를 받은 엄마가 갑자기 달라졌다. 밤마다 화장을 짙게 하고 밖으로 나갔다. 알록달록 이상한 옷들이 늘어갔다. 엄마가 술집에 나가 일을 시작한 것이다.

밤마다 혼자 자는 게 무서웠지만, 엄마에게 내색하지 않았다. 동이 틀 때쯤 집에 들어오는 엄마는 딸보다 변기를 먼저 찾았다. 남편 대신 변기를 끌어안고 구토와 울음을 한꺼번에 쏟아냈다.

아침에 잠깐 마주하는 엄마는 칼처럼 예민했다. 작은 것 하나 그냥 넘어가지 않았다. 말투, 눈빛에서 세상을 향한 분노가 새어 나왔다.

"비누 어디 갔어?"

엄마가 물었다.

"몰라. 내가 어떻게 알아." 그녀가 말했다.

"네가 모르면 누가 알아. 우리 집에 둘 밖에 없는데."

"나 정말 몰라."

"이게 어디서 거짓말이야."

엄마가 그녀의 뺨을 후려쳤다. 그날은 비누가 없어졌다. 전날은 벽 시계가 멈췄다. 택배가 늦은 날도, 가스비가 청구된 날도 그녀는 뺨을 맞았다. 아무래도 상관없었다. 그녀는 엄마의 쓰레기통이었다. 엄마는 구깃구깃한 감정을 딸에게 던져버렸다.

"어디서 거짓말을 하고 난리야. 어린 게 제 아빠를 빼다 박아가지고. 생긴 것도 모자라서 거짓말하는 것도 닮았어. 한 번 만 더 거짓말하면 그때는 가만히 안 둬, 알겠어!"

엄마는 저녁 10시가 되면 어김없이 집을 나갔다. 짙은 향수 냄새를 단칸방에 채워 넣고 밖에서 문을 잠갔다.

그녀는 저녁 대신 향수를 먹었다. 엄마가 없는 저녁마다 창문을 열었다. 바닥에 누우면 한 뼘 창밖으로 밤 하늘이 보였다. 외로웠다. 울다 잠든 날이 별처럼 많았다.

엄마가 없는 날, 아빠에게 전화가 걸려왔다. 뇌의 저편에서 아빠라는 단어가 번쩍했다. 의식에서 지워졌던 기억이 7년 만에 되살아났다. 차분하게 수화기 너머에서 들려오는 소리를 들었다.

"여보세요?" 그녀가 말했다.

"잘 지내지? 아빠야."

"…."

무슨 말을 해야 할지 몰랐다.

"엄마, 지금 옆에 있니? 있으면 바꿔줄래."

"…."

엄마는 집에 없었다.

"무슨 말이라도 해볼래. 아빠가 몇 년 만에 전화했잖아. 그동안 힘들었지. 아빠가 미안하다. 지금 최선을 다해 방법을 찾고 있으니까 아빠가 곧 데리러 갈게."

"…"

이제 그럴 필요 없다.

"너 지금 우니?"

"…"

울지 않는다.

"그래, 그럼 알았다. 아빠가 또 연락할게."

뚜 -

변한 건 없었다. 그녀에게는 아빠의 자리는 없었다. 엄마에게 말하지 않았다. 엄마는 엄마의 인생을 되찾았다. 아빠에게 전화가 왔다고 말하면 엄마의 인생은 다시 멈춘다. 엄마를 위한 배려였다.

"엄마, 전화번호 바꿔줘."

"왜?"

"옛날에 빚 갚으라 했던 사람들이 낮에 전화했어.

이러다 우리 집까지 알아내면 어떻게 해. 나 무서워."

엄마는 화장을 하다 멈칫했다. 파우더를 든 손이 파르르 떨렸다. 그녀를 바라보며, 애써 침착하게 말했다.

"알겠어. 엄마가 내일 전화번호 바꿀게."

고등학교에 진학한 그녀는 밤늦게까지 학교에서 공부를 했다. 밤늦게 집에 들어온 그녀가, 현관에서 남자 신발을 목격했다. 빨간색 뾰족구두와 밤색 구두가 뒤엉켜 있었다.

다음 날 아침, 엄마는 태연한 듯 행동했다. 이른 새벽, 밤색 구두의 사내는 사라지고 없었다. 엄마는 그녀가 눈치채지 못했다고 생각했다. 그녀는 엄마의 대본대로 행동했다. 문제를 만들고 싶지 않았다. 엄마는 엄마의 인생을 살고, 그녀는 그녀의 인생을 살았다.

그 남자가 집에 오는 날이 늘어갔다. 엄마가 집에 있을 때나 없을 때나, 그녀의 집을 제 집처럼 드나들었다.

"집에 라면 있냐?"

"없어요."

"그럼 가서 사 올래? 여기 돈."

"아저씨가 직접 사다 드세요."

"버릇없다, 진짜."

"엄마도 없는데 왜 우리 집에 계세요. 불편해요, 저."

"라면 한 그릇만 끓여먹고 나갈 거야. 제발 그런 눈빛 좀 하지 마라."

그 말이 전해진 것 같았다. 엄마는 그날 이후 그녀를 보면, 불편한 표정을 지었다. 주말 저녁, 엄마는 그녀를 불러 앉혔다. 담배에 불을 붙이고 입으로 가져가 한 모금 깊이 빨았다. 그녀의 얼굴에 담배 연기를 내뱉으며 말했다.

"엄마는 그 아저씨 좋아해. 너만 괜찮으면 같이 살

자."

그녀는 대답 대신 기침을 했다. 기침이 멈추지 않았
다. 얼굴이 빨개지도록 기침을 했다. 연기에 질식한
것인지, 엄마가 내뿜은 말에 질식한 것인지 알 수 없
었다. 그녀의 반응은 중요하지 않았다. 엄마는 미리
외워둔 자기 대사를 계속했다.

"사실 이 집 그 사람 거야. 우리 판자촌 벗어나게 해
주고, 너 학교 다니게 해준 사람이야. 그 교복도 그 사
람이 해 준 거고. 같이 살기는 힘들겠지만, 적응 잘 해
봐. 어차피 학교에서 밤늦게 오니까 잠깐만 참으면 되
잖아. 그리고, 고등학교 졸업하면 독립해. 엄마는 능
력 없어."

"…."

처음으로 엄마에게 욕을 했다. 입에 담을 수 없는
쌍욕을 무한 반복했다. 소리는 나지 않았다. 폭탄은
속에서 터졌다. 충격에 입술이 씰룩였지만, 엄마는 몰
랐다. 이를 악물고 간신히 버텼다.

###

그녀는 고등학교를 졸업하고 독립했다. 대학에 가서 고시원에서 살았다. 바로 취업해서 독하게 살았다. 월급을 아끼고 아껴 썼다. 오피스텔 보증금을 마련하고 고시원을 탈출했다.

아무리 애를 써도 빠듯한 삶을 벗어날 수 없었다. 월급의 절반을 엄마에게 보내도 엄마는 모자라고 난리였다. 소소한 일이라도 하면서 용돈이라도 벌어보라고 말했지만, 소용없었다.

무리하게 몸을 쓰면 병원비로 나가는 돈이 더 많다고 말했다. 쉬면서 조용히 사는 게 돈을 아끼는 것이라고 생각하는 엄마였다.

###

"딸, 엄마가⋯."

엄마가 돈을 보내달라고 하기 전에 항상 하는 말이

다.

"지난번에 '미니'를 데리고 병원에 갔다 왔는데, 치료가 길어질 것 같다고 해서…."

"엄마, 지금 개새끼한테 들어갈 돈 없어. 나도 간신히 살고 있는데 무슨 개한테 돈을 써. 안락사 시켜."

"너는 무슨 말도 안 되는 소리를 하니. 그러면 못 써."

"내가 여유가 없어서 그래. 아무리 힘들어도 매달 보내주는 용돈 안에서 살아야 해. 매번 이런 식으로 하면, 나는 어떻게 하라고."

"그래서, 말하잖아. 이번 한 번 만이라고."

"그 말이 벌써 몇 번째야, 엄마."

"무슨 몇 번째니? 오늘 처음 말한 건데."

"처음 아니야. 개 갖다 버려. 끊을게, 엄마."

엄마에게 전화가 온 날은 일이 손에 잡히지 않는다. 옥상에 올라가 잠시 머리를 식혔다. 미니라는 개는 늙어간다. 앞이 보이지 않아 똥오줌을 못 가리고, 기운이 없어 산책도 못한다.

엄마는 미니와 자신을 구분하지 못했다. 엄마는 자신의 처지를 한탄하는 듯, 하루 종일 거실에 앉아 안쓰럽게 개를 쳐다보고 쓰다듬었다.

결국, 엄마에게 돈을 보냈다. 그녀는 엄마의 부탁을 거절할 수 없다. 감정과 상관없었다. 반사 신경처럼 그녀의 몸이 먼저 반응했다.

아빠가 떠난 날, 엄마의 영혼도 떠났다. 술집에 나가 웃음을 팔아 번 돈으로 그녀를 키운 엄마였다. 그런 엄마라도 살아있어 감사했다.

잠이 오지 않았다. 남자친구의 말이 머릿속에서 떠나지 않았다.

"우리 여기까지야. 이제 그만하자. 나도 할 만큼 했어."

그녀는 혼잣말을 반복했다.

'아니, 너는 아무것도 하지 않았어.'

밤마다 고통이 찾아왔다. 울다 지쳐 잠드는 일상이 반복되었다. 새벽에 잠에서 깨면 식은 땀으로 온몸이 젖어 있었다. 백 일이 지나도, 일 년이 지나도, 상황은 달라지지 않았다.

매일 저녁 퇴근길, 그녀는 편의점에 들렀다. 노란색 바나나 우유를 샀다. 다 마신 병을 버리지 않았다. 집에 가져와 책상에 내려놓았다. 똑같이 생긴 플라스틱병이 같은 방향을 바라보고 가지런히 놓였다. 촘촘하게 일자로 놓인 플라스틱병이 책상을 가득 매웠다.

플라스틱병이 갈수록 늘어갔다. 책상을 가득 메운 플라스틱병은 방바닥으로 이어졌고, 발을 디딜 틈이 없을 정도로 집을 채웠다.

###

"아이고, 미친년아. 너 실성한 거 아니냐."

엄마가 찾아왔다. 주말 내내 전화를 받지 않으니까, 걱정돼서 찾아온 것이다. 엄마의 잔소리에 그녀가 돌아누웠다. 엄마는 쉬지 않고 말했다.

"아니, 무슨 바나나랑 원수 맺었냐. 먹었으면 치워야지. 왜 쓰레기를 방에 쌓아두고 있어? 이게 도대체 뭔 일이야."

"엄마, 그만 나가."

엄마는 듣지 못했다. 쓰레기봉투에 병을 담느라 정신이 없다.

"엄마, 나가라고." 그녀가 다시 말했다.

엄마는 여전히 듣지 못했다. 그녀의 인내심이 바닥났다. 소리를 지르며 말했다.

"엄마, 내 말 안 들려? 나가라고!"

깜짝 놀란 엄마의 눈이 휘둥그레졌다. 플라스틱 통이 여기저기 떨어지며 요란한 소리를 냈다.

그녀는 미친 듯이 소리를 지르며 말했다.

"엄마, 나가라는 말 안 들려. 나가서 두 번 다시는

오지 마. 내 앞에 나타나지도 말고, 나한테 연락하지도 마. 꼴도 보기 싫으니까."

찰싹.

그녀의 얼굴이 후끈거렸다. 엄마가 노려보며 말했다.

"별 미친년을 다 보겠네. 알겠어, 이년아."

"웃기죠? 엄마는 그날 이후로 정말 연락을 안 해요. 내가 딸 노릇 한다고 얼마나 노력했는데, 결국 이렇게 됐네요. 남자친구에게 버림받고, 엄마에게 버림받고….

나같이 비참한 사람이 세상에 또 있을까요. 모든 걸 잃은 것 같아요. 밤마다 생각해요. 이대로 잠들어서 죽어버렸으면 좋겠다."

그녀가 비참해졌다는 말을 거부할 수 없었다. 그녀를 사랑해주는 사람이 세상에 존재하지 않는 듯 했다.

어쩌면 그녀는 오래전에 버려졌다. 아빠의 말로 버려졌고, 엄마의 말로 버려졌고, 남자친구의 말로 버려졌다.

"애까지 데리고 어떻게 도망을 치라고. 비켜!"

"고등학교 졸업하면 독립해. 엄마는 능력 없어."

"우리 여기까지야. 이제 그만하자."

그들의 말은 차갑고 무서웠다. 자신들이 무슨 말을 하는지 알지 못한 채, 한 사람의 내면을 짓밟아 버린 것이다.

그러나, 그들에게 모든 책임을 떠넘길 수는 없다. 그들은 자신이 무엇을 잘못했는지 모른다. 저마다 자신만의 이유가 있을 것이고, 스스로 최선을 다했다고 생각하면서, 이미 스스로를 용서했을 것이다.

그녀의 이해와 용서는 그들에게 전혀 필요하지 않다. 그들은 각자 혼자서 자신만의 삶을 살아갈 수 있다. 문득문득 자신이 살아온 인생에 아쉬움이 남겠지만, 저마다 나름대로 의미를 부여하면서 각자의 인생을 살아갈 것이다. 그러므로, 그녀의 인생은 그들의 것이 아니다. 그녀의 인생은 그녀의 것이다.

그녀의 말대로 그녀는 비참하다. 그러나, 최악의 상황은 오지 않았다. 최악의 상황은 그녀가 그녀 스스로를 버리는 것이다. 그녀는 아직 자신을 버리지 않았다. 타버린 잿더미 속에 작은 희망의 불씨가 남았다.

그녀는 어렴풋이 자신만의 방식으로 스스로를 돌봤다. 사랑하는 사람들이 자신을 버릴 때마다, 그녀는 스스로를 다시 주웠다. 버려진 자신을 줍고 닦아서 간직했다. 힘들고 어려운 삶을 살았지만, 그녀는 포기하지 않았다.

그녀는 죽고 싶지만, 살고 싶다. 살고 싶은 본능이 그녀를 내 앞으로 데려온 것이다. 그녀는 알고 있다. 언젠가 그녀는 스스로의 힘으로 다시 일어설 것이다.

그녀가 고통받는 이유는 버림받았기 때문이 아니다. 그녀가 고통받는 이유는 그녀가 미지의 세계에 갇혀 있기 때문이다. 고통을 해결하지 못해 두려운 것이 아니라, 언제 어떻게 고통이 해결될 것인지 알지 못해 두려운 것이다.

고통은 미지의 세계다. 예측할 수 없는 것이다. 고통을 피할 수 없다면, 고통을 다루는 방법을 배워야 한다. 고통 속에서 의미를 발견하는 사람이 고통을 견딜 수 있다. 현재의 고통은 현재의 고통으로 끝나지 않는다. 현재의 고통은 한 사람이 일생 동안 추구할 궁극의 의미와 맞닿아 있다.

버림받은 기억으로 고통받는 사람은 버림받지 않기 위해 값비싼 비용을 치른다. 관계를 유지하기 위해 사랑하고 희생한다. 자기 인생은 어찌되도 상관없다고 생각한다. 버림받을지언정, 버릴 수는 없는 것이다.

고통이 찾아오면 깨닫는다. 자신 안의 결핍을 발견한다. 사랑하는 사람을 잃고 싶지 않아 자신을 희생시켜 관계를 유지하는 자신을 직면한다.

같은 패턴으로 고통이 반복되면, 결국 고통 속에서 의미를 찾는다. 절망과 좌절의 터널을 지나면서, 자신을 지키고 보호할 방법을 터득하는 것이다.

안타깝게도 고통은 반복된다. 고통의 터널은 하나가 아니다. 쉬지 않고 계속 나타난다. 터널을 지날 때,

라이트는 자동으로 켜지지 않는다. 수동이다. 때에 맞춰 라이트를 켜는 방법을 배워야 한다.

도로 위에 터널이 없기를 바라면 안 된다. 어두운 터널을 만나면, 침착하게 라이트를 켜라. 그러면, 당신은 안전하다.

"사실, 남자친구를 다시 만나고 싶지는 않아요. 자기가 힘들다고 여자를 버린 사람이잖아요. 결혼했어도 행복하지 않았을 거예요. 시어머니를 제가 어떻게 감당했겠어요. 게다가 그 사람은 마마보이처럼 행동했는데요.

정확히 말하면, 그 남자가 그리운 게 아니에요. 사랑받았던 감정이 그리운 거죠. 남자친구의 뒷바라지를 해서라도 사랑받고 싶었던 제 자신이 후회스러운 거죠. 사랑받으려고 너무나 비싼 값을 치렀어요.

언젠가는 새로운 사람을 만날 수도 있겠죠. 나이도

있으니, 평생 혼자 살 수도 있겠죠. 하지만, 서두르지 않으려고 해요. 누군가를 만나서 해결될 문제가 아니잖아요. 지금 당장은 괜찮아진 것 같아도, 또 다른 누군가를 만나면 똑같은 실수를 반복할지도 모르고요. 지금은 그냥 제 자신을 조금 더 알고 싶어요."

그녀가 라이트를 켰다. 터널 세 개를 지나는 동안 라이트를 켜는 방법을 깨달은 것이다. 다음 터널에서는 그녀가 때에 맞춰 라이트를 켤 수 있을 것이다.

라이트를 켜고 끄는 일은 번거롭다. 라이트를 제때 못 켰다고 우는 날 있을 것이다. 그래도, 괜찮다. 언젠가 하늘의 찬란한 빛이 그녀의 앞길을 비춰줄 것이다. 눈부신 그날이 속히 오기를 바랄 뿐이다.

엄마가 전화할게

민수는 자정이 넘어 집에 들어왔다. 수능이 10개월 앞으로 다가온 시점이었다. 학원에서, 독서실로 갔다가 집으로 오는 것이 하루 일정이었다.

민수가 집에 도착했을 때, 집은 난장판이었다. 아빠와 엄마가 부부 싸움을 한 것이다. 민수는 깊은 한숨을 내뱉고, 자기 방으로 들어갔다.

민수는 바로 잠에 들 수가 없었다. 학원에서 내준 과제가 적지 않았다. 졸린 눈을 비벼가며, 책상 앞에 앉았다. 밖에서 싸우는 소리가 들렸지만, 익숙한 소리였다. 책에 집중하려고, 이어폰으로 귀를 막았다.

그때였다. 이어폰 너머로 와장창 유리창이 깨지는 소리가 들렸다. 민수는 깜짝 놀라 밖으로 뛰어나갔다. 거실에서 부모님을 마주한 민수는 짜증이 극에 달했다.

장식장이 쓰러지면서, 거실 바닥에 유리 파편을 쏟아냈다. 엄마와 아빠는 거칠게 몸싸움을 했다. 엄마는 아빠의 손목을 잡고, 사력을 다해 버텼다. 아빠는 엄마의 손목을 뿌리치려고 안간힘을 썼다. 아빠가 엄마의 손을 뗠쳐내더니, 눈 깜짝할 사이에 엄마의 뺨을 내리쳤다.

찰싹.

아빠의 솥뚜껑 같은 손에 엄마는 힘없이 쓰러졌다. 민수는 도저히 참을 수 없었다. 아빠에게 눈을 부릅뜨고, 소리를 질렀다.

"제발 그만 좀 하라고!"

민수가 소리를 지르는 바람에, 아빠가 깜짝 놀랐다. 아빠는 민수에게 가까이 다가와서 말했다.

"뭐라고? 다시 한 번 말해 봐."

"그만 좀 하라고!"

민수가 아빠에게 눈을 부릅뜨고 말했다.

아빠가 민수의 멱살을 잡았다.

"이 자식이, 어디서 아빠한테 그딴 식으로 말해?"

민수는 바닥에 쓰러져 울고 있는 엄마와 눈이 마주쳤다.

민수는 이성을 잃었다.

아빠의 손을 뿌리치고, 아빠의 멱살을 잡았다.

"이제 그만하라고 했지! 당신이 아빠야? 왜 술만 처먹으면, 집을 난장판으로 만들어!"

민수의 아빠도 이성을 잃었다. 민수를 사정없이 때리기 시작했다. 민수도 가만히 있지 않았다. 아빠의 얼굴에 주먹을 날리고, 죽자 살자 덤벼들었다.

두 사람은 서로를 끌어안고 유리 파편 위로 넘어졌다. 민수가 아빠 위로 올라앉아서, 아빠를 사정없이 팼다.

아빠는 민수를 떨쳐내고 일어서려고 온몸을 비틀었다. 유리 파편이 등에 비벼졌다.

민수의 엄마는 오열하면서, 민수를 뜯어말렸다. 엄마의 울음소리를 들은 민수는 그제서야 이성을 되찾았다.

미끄럼을 타듯이 아빠 몸에서 떨어져 나간, 민수는 머리를 쥐어뜯으면서 미친 사람처럼 소리를 질렀다.

민수의 아빠는 터진 입술에서 새어 나온 피를 빨아당겼다가, 침으로 뱉어냈다. 몸을 일으켜, 벽에 기대고는 초점 없는 눈으로 허공을 바라보았다.

아빠의 등 뒤에서 피가 흘러내렸다. 엄마가 흐느껴 울면서, 아빠의 등에 박힌 유리 파편을 빼내고, 수건으로 흐르는 피를 막았다.

민수는 견딜 수 없었다. 아빠를 때린 자기 손을 잘라버리고 싶었다. 주먹을 쥐고 거실 벽을 사정없이 내리쳤다. 시멘트로 차갑게 굳어진 벽은 민수의 손을 부러뜨렸다.

퍽.

민수의 손가락뼈가 부러지는 소리가 엄마의 귓가를 울렸다. 엄마는 민수를 끌어안고 엉엉 울었다. 민수도 엄마의 품에 안겨 엉엉 울었다. 엄마를 끌어안은 민수의 손이 부들부들 떨렸다.

아빠는 비틀비틀 일어나, 안방으로 들어갔다.

"며칠 지나고, 아빠가 이야기 좀 하자고 했어요. 아빠가 맨 정신에 이야기하기 힘들다고, 술 한 잔 하자고 하시더라고요. 술은 원래 아빠한테 배우는 거라고 하셨어요."

###

민수의 아빠는 말없이 소주 한 잔을 따라 민수에게 건넸다. 민수는 잔을 받아들고 머뭇거렸다.

아빠가 말했다.

"마셔. 아빠가 주는 술은 일단 받는 거야."

민수는 소주를 입속에 털어 넣었다. 학교 사물함에 있는 가그린 맛이었다. 가그린을 삼켜버린 듯 찝찝한 기분이었다.

인상을 찌푸리고 있는데, 아빠가 한 잔을 더 따르며 말했다.

"민수야. 아빠가 너한테 하고 싶은 말이 있어."

아빠는 반쯤은 울먹거리는 목소리였다.

소주 병을 입에 물고, 벌컥벌컥 들이켰다. 꺼억하고 트림을 내뱉으면서, 민수에게 말했다.

"있잖아. 아빠하고 엄마 사이에는 네가 모르는 일이 있어. 눈에 보이는 게 전부가 아니야. 어른들의 문제니까, 네가 끼어들면 안 돼."

민수는 하고 싶은 말을 참았다. 민수가 들이킨 알코올이 민수의 목구멍을 틀어막았다. 뜨거운 숨만 콧구

멍 밖으로 새어 나올 뿐이었다.

아빠의 연설은 세 시간이나 지속되었다. 아빠의 말이 장황하게 무한 반복되었지만, 민수는 아빠의 말을 경청했다.

아빠에 대한 미안함 때문이었다.

다혈질의 아빠는 풀이 죽어지냈다. 민수가 아빠에게 달려든 후로, 아빠는 집에서 존재감 없이 지냈다. 무기력한 아빠의 모습을 볼 때마다, 민수는 죄책감에 시달렸다.

아빠의 처량한 모습이 날개가 부러진 독수리 같았다.

한 달이 넘도록 민수는 아빠와 말을 하지 않았다. 부모님은 서로 말다툼을 하다가도, 민수가 들어오면 서로 말을 멈췄다. 아빠는 방으로 들어가고, 엄마는 밤늦게 들어온 민수를 챙겼다.

"늦게 피곤하지?" 엄마가 물었다.

"엄마, 나 어떻게 하지?" 민수가 엄마에게 되물었다.

"뭘 어떻게 해?"

"답답해서 미쳐버릴 것 같아."

엄마는 할 말을 잃었다. 말없이 민수를 바라볼 뿐이었다.

"어떻게 평생을 그렇게 살아? 나 때문에 참고 사는 거면, 그럴 필요 없어. 나는 괜찮으니까, 엄마도 그냥 엄마 인생 살아."

엄마는 민수의 침대에 힘없이 걸 터 앉았다.

"일단, 수능부터 끝내. 그다음에 이야기하자."

민수는 두 손으로 얼굴을 감쌌다. 눈물이 터지기 직전이었다.

"알겠어, 엄마. 이제 나가."

엄마가 방문을 닫고 나가자, 민수는 책상에 엎드려 울었다. 지우개를 삼킨 것처럼, 가슴이 답답했다.

###

"PC방으로 와." 민수의 친구 K가 말했다.

"알겠어, 기다려." 민수는 터벅터벅 걸어, 학원 근처 PC방으로 들어갔다.

PC방을 한 바퀴 돌아봐도 K와 친구들이 없었다. 민수는 K에게 전화를 걸었다.

"어디야?" 민수가 물었다.

"아, 우리 밖으로 나왔어. 분식점으로 와." K가 말했다.

민수는 슬슬 짜증이 밀려왔다. 때마침 지나가던 택시를 잡아타고, 분식점 앞에 내렸다. 분식점에서도 친구들은 보이지 않았다.

민수는 다시 K에게 전화를 걸었다.

"어디야?"

"우리 다시 PC방으로 왔어. 빨리 이쪽으로 와. 우리 지금 세 명이라, 한 명 더 필요해. 최대한 빨리 와라."

민수는 화가 치밀었다.

PC방에서 마주한 친구들은 게임에 빠져있느라 민수가 온 것도 몰랐다. 민수가 K의 옆자리에 앉았다.

K가 말했다.

"왜 이렇게 늦게 왔어? 조금만 기다려. 이 판 끝나면, 2 대 2로 붙자."

민수는 K의 옆에 앉아, 인터넷 브라우저를 켜면서 짧게 말했다.

"알겠어."

"화나지 않았을까? 보통 고등학생이면, 욕하고 소리지르고 난리 한 번 났을 텐데…."

내가 민수에게 물었다.

"화는 났지만, 표현할 수 없었어요." 민수가 말했다.

"특별한 이유가 있었어?"

"두려웠던 것 같아요."

"무엇이?"

"친구들이 나를 따돌릴까 봐요. 예전에도 그런 적이 있어요."

"그 친구들이?"

"아니요. 중학생 때 친구들이요. 제가 화를 한 번 냈는데, 친구들이 나를 멀리했어요. 중학교 2학년 때 있었던 일인데, 졸업할 때까지 혼자 다니고, 혼자 밥 먹었어요."

"무슨 일이 있었는지 들어볼 수 있을까?"

"빌려 간 만화책 언제 갖다 줄 거야?" 민수가 L에게 물었다.

"아, 깜빡했다. 내일 갖다 줄게." L이 대답했다.

"자꾸 왜 그래?"

"뭘? 내일 준다고 했잖아."

"그 소리 벌써 세 번째야."

"뭐래? 갖다 준다고 이 새끼야."

L은 민수의 멱살을 잡았다.

민수와 L은 서로가 휘두른 주먹에 얼굴이 상했다. 민수가 L을 힘으로 눌러 넘어뜨렸다. L의 위에 올라타, 주먹으로 L의 얼굴을 때리기 직전이었다.

그 순간, 눈앞이 번쩍했다.

L의 절친, C가 주먹으로 민수의 관자놀이를 가격한 것이다. 민수는 의식을 잃고 쓰러졌다. L과 그의 친구들이 민수를 사정없이 짓밟았다.

만화책을 돌려달라는 말 한마디, 그 대가는 혹독했다. 친구들은 민수를 괴롭혔다. 같이 어울려주는 친구 하나 없이 중학교를 쓸쓸히 졸업했다.

"그래서, 말을 못 했어요. 친구들과 함께 있으면 긴장돼요. 내가 뭔가 작은 실수라도 하면, 친구들이 나를 어떻게 하지 않을까 두렵기도 하고…."

나는 민수에게 중학교 시절 그 친구들의 이름을 묻

고 싶은 충동을 느꼈다. 마음 같아서는 당장에 달려가, 그 녀석들을 박살 내주고 싶었다.

나는 애써 마음을 진정시키고, 민수에게 물었다.

"솔직하게 한 번 말해주지 않을래? 다시 PC방에 찾아갔을 때, 미안한 내색 하나 없던, K에게 하고 싶었던 말이 뭐였을까?"

민수는 생각에 잠겼다.

"글쎄, 무슨 말을 하고 싶었을까요? 막상, 말을 하려니까 생각이 잘 안 나요. 잠시만 기다려주세요."

나는 말없이 고개를 끄떡였다.

민수가 손가락을 꼼지락 거리다, 두 손을 겹쳐서 깍지를 끼더니 생각이 났다는 듯 말했다.

"어차피 다시 PC방으로 올 거면, 분식집으로 왜 부른 거야? 무슨 똥개 훈련시키는 것도 아니고."

"지금 감정이 어때?"

"말하고 나니까 그냥 시원한데…."

"조금 더 구체적으로 말해줄래?"

"솔직히 저는 제가 친구들에게 말을 잘 못하고, 제

표현을 못 하는 게, 집 안에서의 영향이 크다고 생각해요. 저는 외동이고, 부모님과도 대화를 별로 안 하니까요. 제 감정, 제 생각을 표현할 줄 모르는 것 같아요. 혼자만 계속 답답하고⋯."

###

민수가 학교를 마치고 집에 돌아온 어느 날, 도둑이 든 것처럼 집 안이 어수선했다.

당황한 민수는 큰 소리로 엄마를 불렀다.

집에는 인기척이 느껴지지 않았다. 불안한 마음에 다급하게 엄마에게 전화를 걸었다.

엄마는 전화를 받지 않았다.

당황해서 닫지 못한 현관문 앞에 아빠가 나타났다. 술에 취해 몸을 가누지 못하는 상태였다. 비닐봉지에 소주와 맥주, 오징어와 땅콩 같은 것들이 담겨있었다.

"엄마는요?"

아빠는 대답하지 않았다. 소주 병을 손에 쥔 채, 벌

컥벌컥 들이켜고, 손등으로 입술을 닦았다. 여전히, 현관 앞에 기댄 채였다.

"엄마는 어디 갔냐고요?"

아빠가 소주 병을 현관 대리석 바닥에 내리꽂으며 소리를 질렀다. 소주 병이 깨지면서 유리 파편이 사방에 흩어졌다.

"몰라, 이 새끼야. 내가 어떻게 알아?"

민수의 예상이 맞았다. 엄마는 급하게 짐을 챙겨 집을 나간 것이다.

민수가 수능을 마칠 때까지 곁에 있어주고 싶었던 엄마의 바람은 물거품이 되었다.

민수는 아빠를 밀치고, 밖으로 걸어나갔다. 계단을 뛰어내려가며, 엄마에게 전화를 걸었다.

엄마의 전화기는 꺼져있었다.

다리에 힘이 풀렸다. 민수는 계단을 헛디뎌 우당탕 넘어지고 말았다. 민수에게는 일어날 기운이 남아있지 않았다. 엎드린 채로 엉엉 울었다.

엄마와 함께 살고 싶었던 것이 민수의 바람이었다.

고등학교를 졸업하면, 열심히 아르바이트를 해서 엄마와 따로 나와 살고 싶었다. 민수의 계획은 물거품이 되었다.

민수는 그날 밤, 엄마를 잃고 자신을 잃었다.

"민수야, 엄마야."

일주일이 지나고 엄마에게 전화가 걸려왔다.

"엄마! 어디야?"

"지금 독서실 앞이니까, 얼른 내려와."

민수는 번개처럼 계단을 뛰어내려와 엄마 앞에 섰다.

"엄마!"

민수는 어린아이처럼 엄마를 끌어안았다. 엄마도 민수를 끌어안고 소리 없이 울었다. 엄마를 끌어안은 채로 민수가 물었다.

"엄마, 어떻게 된 거야? 왜 갑자기 집을 나갔어?"

엄마는 민수에게서 몸을 떼어내고 조용한 곳에 앉아 대화를 나누자고 말했다. 두 사람은 독서실 근처 공원 벤치에 앉았다.

엄마가 민수에게 그날 밤의 일을 말했다.

민수의 아빠는 여느 때처럼, 술에 취해 집에 들어왔다. 민수의 엄마는 빨래를 개고 있었다. 민수의 아빠는 다짜고짜 엄마에게 시비를 걸었다.

짜증이 난 엄마는 아빠의 말을 무시했다. 엄마가 아빠를 무시하자, 아빠는 이성을 잃었다. 엄마가 개놓은 빨래를 발로 차서 헝클어뜨렸다.

엄마는 아빠를 쳐다보지도 않고, 빨래를 주섬주섬 집어 들었다. 다시 자리에 앉아, 침착하게 빨래를 갰다.

아빠는 엄마를 사정없이 때렸고, 엄마는 아빠에게 달려들었다. 감정이 격해진 아빠는, 주방에서 칼을 꺼냈다.

엄마에게 칼을 휘두르며, 같이 죽자고 말했다. 엄마는 어디 한 번 죽여보라며, 목에 핏대를 세우고 아빠를 자극했다.

아빠가 칼로 엄마를 내리쳤다. 엄마가 팔로 얼굴을 가렸다. 칼은 엄마의 팔 등에 부딪히고 멈췄다.

그 순간 아빠는 하얗게 질렸다.

아빠는 엄마를 위협할 생각이었다. 실제로 칼이 엄마의 몸에 닿을 줄을 몰랐던 것이다. 칼날 부위가 아닌 칼등이 엄마의 팔에 내려앉았지만, 이미 늦었다. 엄마 눈에 아빠는 짐승이었다.

엄마는 아빠를 밀쳐내고, 짐을 싸기 시작했다. 아빠가 뭐 하는 짓이냐고 힘으로 뜯어말려도 소용이 없었다. 이번에 칼을 집어 든 사람은 엄마였다. 칼을 휘두르며, 아빠에게 소리쳤다.

"나 한 번만 더 건드리면, 그때는 죽여버릴 거야."

아빠는 물러섰다.

엄마가 작별 인사도 없이 민수를 떠날 수밖에 없었

던 이유였다.

###

엄마의 말이 끝나고, 민수는 소스라치게 놀랐다. 집으로 뛰어가 아빠의 멱살이라도 잡고 싶은 심정이었다. 하지만, 지금 이 순간 중요한 사람은 엄마였다.

민수가 엄마에게 물었다.

"엄마, 그럼 이제 집에 안 오는 거야?"

"응, 그럴 것 같아."

"그럼, 지금은 어디서 지내?"

"나중에 알려줄게. 지금은 말 못 해."

"그럼, 어떻게 먹고살아? 돈은?"

"그것도 천천히 생각해보려고…."

민수는 더 이상 할 말이 없었다. 어떻게 해야 할지 막막할 뿐이었다.

잠시의 침묵을 깨고, 엄마가 말했다.

"민수야. 넌 엄마 이해하지? 엄마가 왜 이럴 수밖에

없는지….”

엄마가 울먹거렸다.

민수는 엄마의 손을 잡고 따뜻한 목소리로 말했다.

“내가 전에도 말했잖아. 나는 괜찮다고. 엄마는 엄마 인생 살아. 나도 조금만 시간 지나면 독립할 거야. 그때는 내가 다시 엄마 찾으러 갈게. 우리 같이 살자. 조금만 참아, 엄마.”

민수의 말이 끝나자 엄마는 흐느껴 울었다. 그리고, 조금은 단호한 말투로 민수에게 말했다.

“민수야. 엄마는 걱정하지 마. 너도 네 인생 살아야 해. 엄마는 씩씩하게 잘 살 거야. 너 가고 싶은 대학에 가고, 너 하고 싶은 거 하면서 살아야 해. 엄마 때문에 희생하지 말고, 알겠지?”

민수는 불안했다. 무슨 말을 어떻게 해야 할지 몰랐다.

엄마는 자리에서 일어나며, 민수에게 말했다.

“민수야, 너무 늦었다. 우리 이제 일어나자. 아빠한 테는 엄마 만났다는 말 하지 마, 알겠지?”

민수는 고개를 끄덕였다. 그리고, 작은 목소리로 물었다.

"우리 언제 다시 만나?"

"엄마가 다시 전화할게."

민수는 독서실에 올라가 가방을 챙겨 밖으로 나왔다. 아빠에게 달려가 따질 작정이었다. 모든 것이 아빠 때문이라고 생각했다.

민수 역시 맨 정신으로 대화할 수 없었다. 냉장고를 열어, 아빠가 사다 놓은 술을 사정없이 마셨다. 몸이 불덩이처럼 뜨거워졌다. 머리가 어지러워서 똑바로 서 있을 수조차 없었다.

퇴근한 아빠가 집에 들어와서, 술에 취한 민수와 마주했다.

아빠는 기가 막혔다.

"너 지금 뭐 하는 짓이냐?"

"아빠 때문이야."

"뭐? 이게 미쳤나? 지금 무슨 소리 하는 거야?"

"아빠 때문에 엄마가 나갔어."

그 순간 뭔가 번쩍했다. 아빠가 민수의 뺨을 때린 것이다.

"정신 차려, 이 새끼야. 어디서 아빠한테 술 주정이야!"

"아빠한테 배웠지. 내가 어디서 배워?"

민수는 바닥에 넘어진 채로, 소금에 담근 미꾸라지처럼 온몸을 비틀었다. 머리를 쥐어뜯고 발버둥을 치면서 오열했다.

아빠는 바닥에 누워 미쳐 날뛰는 민수에게 차가운 물 한 바가지를 쏟아부었다.

"정신 차리고, 여기 앉아 봐."

민수는 어안이 벙벙했다. 몸을 일으켜 앉았는데, 머리카락에서 물이 뚝뚝 떨어졌다.

"그래서, 엄마 지금 어디서 지낸다고 말해주디?"

민수는 고개를 저었다.

"아빠가 예전에 말했지. 어른들 문제니까 끼어들지 말라고. 보이는 게 전부가 아니라고 말한 거 기억나지?"

민수가 고개를 끄떡였다.

"3년 전부터, 엄마가 이상했어. 처음에는 내가 오해하나 싶었어. 엄마가 아니라고 잡아떼니까, 뭐 방법이 있어야지."

민수의 정신이 또렷해졌다. 아빠의 말을 토씨 하나 놓치지 않으려는 듯, 상체를 바로 세웠다.

"그러다, 큰맘 먹고 흥신소에 부탁을 했더니, 아니나 달라? 딱 걸렸지. 진명이 삼촌, 너도 알지? 그 새끼랑 네 엄마랑…."

민수는 고개를 가로 저었다. 그럴 리 없다고 말하려던 참이었다.

"엄마가 왜 어디있는지 말 못하는 지 알아? 그 자식이랑 같이 살림 차린 거야. 네 눈에는 엄마가 천사로 보이지? 엄마가 뭐 집에 붙어있은 줄 알아? 나 회사 가고, 너 학교 가면 엄마도 집에 없었어. 아빠가 맨 정신으로 살 수 있었겠냐? 아빠 인생은 3년 전에 끝났어."

아빠는 담배를 꺼내 입에 물었다. 인생의 쓴맛을 담배 연기로 누그러뜨렸다.

"내가 너한테 별말을 다한다. 너는 신경 쓰지 말고 너 할 일이나 잘해. 정신 똑바로 차리고, 대학이나 가라고.

아빠가 뼈빠지게 번 돈 너한테 다 쓰는 거야. 꼭 성공해서, 보란 듯이 잘 살아. 아빠처럼 살지 말고, 알겠어?"

민수는 충격에서 벗어나지 못했다.

바닥에 떨어지는 것이 물방울인지 눈물방울인지, 민수조차 알 수 없었다.

###

정식 상담에서 민수를 만난 것이 아니었다.

청소년 수련회 강사로 초대를 받아 저녁 집회를 마

치고, 숙소로 돌아왔을 때, 담당 전도사님이 조심스럽게 민수의 이야기를 꺼냈다.

수련회 일정 중에, 잠시 시간을 내어 민수의 이야기를 들어줄 수 있느냐는 부탁이었다. 다른 아이들이 물놀이를 할 시간에, 민수와 조용히 앉아 두 시간 정도의 대화를 나누었다.

그러나, 두 시간은 너무나 짧았다. 민수의 이야기가 끝나고 남은 시간은 고작 10분이었다. 산더미 같은 질문을 뒤로하고, 나는 억지로 대화를 마무리해야 했다.

나는 아빠의 관계, 엄마와의 관계, 그리고 친구들과의 관계를 언급했다. 교과서에서 나올 법한 진부한 말들이었다. 듣는 사람이 마음만 답답해지는 그런 말들이었다. 고맙게도, 민수는 말없이 고개를 끄떡이며 경청했다.

다음 집회 일정 때문에, 우리는 마지못해 자리에서 일어났다. 주어진 시간에 최선을 다했지만, 못내 미안한 마음이 앞섰다. 나는 민수의 등을 두드려주면서,

힘내라고 말했다.

민수는 예의 바르게 인사를 하고, 출입구를 향했다.
나는 그 자리에 선 채로, 민수의 뒷모습을 바라봤다.

민수가 갑자기 걸음을 멈췄다. 그리고, 돌아서서 내
게 말했다.

"그런데, 목사님…. 저도 치유될 수 있을까요?"

나는 블랙홀에 몸이 빨려 들어가는 것 같았다. 그
순간, 나는 깨달았다. 민수는 어쩌면 나 자신이었다.
내가 민수를 향해 한 걸음씩 내디딜 때마다, 갈라진
자아가 하나로 합쳐지는 것을 느꼈다.

그대로 민수를 내보낼 수 없었다. 나는 민수에게 다
가가 민수를 끌어안았다. 민수는 참았던 눈물을 쏟아
냈다. 그리고, 울먹거리는 목소리로 내게 말했다.

"나도 목사님처럼, 치유돼서 다른 사람들을 돕고 싶
어요. 좋은 아빠가 되고 싶고, 행복한 가정을 이루고
싶어요. 부모님처럼 살고 싶지 않아요. 제가 그렇게
할 수 있을까요?"

나는 민수의 손을 꼭 붙잡고, 고개를 끄떡였다. 내

가 위로랍시고 한마디를 내뱉는다면, 민수의 어깨에 내려앉은 희망이 깃털처럼 날아가 버릴 것만 같았다.

민수가 나가고, 나는 의자에 힘없이 걸터 앉았다. 나는 인정해야 했다. 민수는 내게 모든 것을 말했지만, 나는 민수에게 진실을 말하지 못했다. 정작 나 자신은 치유되지도 않았고, 좋은 아빠도 아니었으며, 행복한 가정을 이루지도 못했다.

아버지와 단둘이 마주 앉으면 어색함이 흐르고, 어머니를 향한 연민으로 잠을 뒤척인다. 아내에게는 여전히 서투른 남편이고, 자녀들에게는 욱하고 사과하는 일을 반복하는 일관성 없는 아빠다.

오히려, 나는 민수에게 묻고 싶었다.

'민수야. 목사님도 치유될 수 있을까? 내가 자격 있는 사람일까? 언젠가 네가 아빠가 되어 나타난다면, 나도 그때 진실을 말할게.'

무능하기 짝이 없었다.

나는 예수님을 찾았다. 집회 장소 어딘가에 아무렇지도 않은 척하며 앉아 있는 민수를 찾아가서, 따뜻하게 안아주시기를 바랐다.

또다시 아이러니였다.

나는 방문을 열고 나갈 용기가 없었다. 작은 방 안에 조용히 머무르고 싶었다. 잠시라도, 감정을 추스르고 싶었다.

그러나, 시간이 없었다.

문밖에서, 누군가 노크를 했다. 담당 전도사님의 목소리가 문 너머로 들려왔다.

"목사님, 이제 나가실 시간입니다."

언제나 그랬듯이, 나는 자격을 갖추지 못한 채로, 사람들 앞에 섰다. 아이들은 와글와글 시끄러웠다. 밝은 조명에 눈이 부셨다.

나에게는 오직 한 사람, 상처 입은 한 사람만이 중요했다. 내 관심은 민수를 향했다. 저 멀리 맨 뒷자리에, 민수가 보였다. 민수의 옆자리에는 아무도 앉지 않았다. 민수는 말없이 조용했다.

그날 밤, 설교는 기도였다.

엄마가 내 초콜릿 먹었어?

"지훈아, 원두 로스팅 하는 동안 주문 좀 받아줄래?"

문영린은 이른 아침, 카페 문을 연다. 딸의 남자 친구 김지훈이 문영린의 일손을 거들었다. 김지훈은 한 달 전에 군 복무를 마쳤다. 영어 학원에 다니면서 오전에 잠깐 문영린을 돕는 것이다.

원두 로스팅을 할 때마다, 문영린은 예민해졌다. 정확한 시간에 맞춰 기계를 켜고 꺼야 했다. 출근길에 잠시 들러 커피를 주문을 하는 손님을 맞이하다 보면, 로스팅 시간을 맞출 수 없었다.

아르바이트생이 그만두는 바람에 문영린은 난처해졌다. 마침 딸의 남자 친구, 김지훈이 그녀를 기꺼이 돕겠다고 나섰다.

로스팅을 마친 문영린은 카페 한 귀퉁이에 앉았다.

"지훈아, 군대 제대하고 쉬고 싶을 텐데 아침 일찍 나와줘서 고마워."

"아니에요. 제대하고 생활리듬 깨질 뻔했는데, 일찍부터 나와 일하니까 좋죠, 뭐." 김지훈은 멋쩍은 듯 말했다.

"앞으로 어떻게 할 생각이야?"

테이블 위에 팔을 걸치고 편안하게 서 있던 김지훈은, 문영린의 진지한 질문에 자세를 고쳤다.

"조금 있다가 복학해야죠."

"우리 미혜와 어떻게 할 생각이냐고 물은 거야. 우

리 미혜가 그렇게 좋아?"

김지훈의 긴장이 풀어졌다.

"그럼요."

"뭐가 그렇게 좋은데?"

"말로 표현할 수 없을 만큼 좋아요." 김지훈은 민망함을 감추려고 주문 테이블 구석에 놓인 초콜릿 상자를 문영린에게 가져갔다.

"이거 드셔보세요. 제가 제주도 갔을 때 사온 초콜릿인데, 맛있어요."

초콜릿을 받아들고 입에 넣으며 문영린이 말했다.

"얼렁뚱땅 넘어가려고 하네. 아직 질문에 대답도 안했어."

김지훈은 문영린은 진지하게 바라보며 말했다.

"미혜를 정말 좋아해요. 제가 군대 있을 때도 한결같이 사랑해줬잖아요. 이제 제가 지켜줄 차례에요."

문영린은 잠시 생각에 잠겼다.

그녀는 젊은 시절 남편과 이혼해 미혜를 혼자 키웠다. 그녀에게 미혜가 전부였다. 대학에 들어가고 얼마 되지 않아, 동갑내기 남자 친구가 생겼다는 말에 당황한 영린이었지만, 지훈의 듬직한 모습에 점차 안심이 되었다.

"둘 만 사이좋게 잘 지내. 싸우지 말고. 그럼 됐지 뭐."

문영린은 테이블에서 일어나, 시계를 보며 말했다.

"지훈아, 이러다 학원 늦겠다. 어서 가."

혼자 남은 문영린은 창가에 섰다. 언젠가 미혜가 그녀의 곁을 떠날 것이다. 그녀는 아직 미혜를 떠나보낼 준비가 되지 않았다. 김지훈이 믿음직스러운 것과 미혜를 떠나보내는 것은 별개의 문제였다. 그녀의 머릿속이 복잡해졌다.

그녀는 긴 한숨을 쉬면서, 에스프레소를 내려마셨다. 진하게 농축된 커피 향기가 그녀의 미간에 잡힌 주름을 잠시 동안 풀어주었다.

늦은 오후, 미혜에게 문자가 왔다. 문영린은 문자의 내용을 언뜻 이해할 수 없었다. 두 번 세 번 다시 읽어봐도, 그녀가 제대로 문장을 읽었는지, 확신할 수 없었다.

"엄마, 아침에 내 초콜릿 먹었어? 그거 내가 얼마나 아끼는 건데, 엄마가 먹어?"

기가 막혀 눈물이 났다. 딸에게 답장할 엄두조차 나지 않았다. 도대체 무슨 일인가 싶어, 문영린은 김지훈에게 전화를 걸었다.

"지훈아, 지금 잠시 통화되니? 미혜가 나한테 말도 안 되는 문자를 보냈어. 도대체 무슨 일인 거야. 미혜가 나한테 이럴 리 없는데, 너희 둘이 무슨 일 있었어?"

김지훈도 당황한 듯 말했다.

"모르겠어요. 미혜가 이상해요. 점심시간에 미혜하고 잠깐 통화하면서 어머니도 초콜릿 좋아하신다고 말했거든요. 맛있게 드시는 모습이 좋았다고 말했는데, 그다음부터 미혜가 다짜고짜 화를 내더라고요. 퇴근하고 보기로 했는데, 도대체 무슨 일인지 모르겠어요."

미혜가 술에 취해 저녁 늦게 들어왔다. 문영린은 딸

의 모습에, 감당할 수 없는 분노가 일어났다. 마음 같아서는 등짝을 후려치고 싶었지만, 감정을 억누르고 말했다.

"늦었어. 빨리 씻고 자. 내일 출근해야지."

미혜는 몸을 가누기도 힘든 듯, 소파에 털썩 주저앉으며 말했다.

"그거 왜 먹었어? 그게 엄마 거야? 그거 내 거야. 지훈이가 나 주려고 사 온 거라고. 엄마 눈에 보이면, 그게 다 엄마 거야?"

문영린은 도저히 참을 수 없었다. 미혜에게 소리를 지르며 말했다.

"내가 너를 어떻게 키웠는데, 나한테 이럴 수 있어. 엄마가 초콜릿 하나 먹었다고 이 지랄이야? 피 한 방울 안 섞인 남들도 안 그러겠다. 이 미친년아!"

미혜는 지지 않고 말했다.

"매일 똑같은 소리지. 누가 엄마 보고 희생하랬어? 엄마는 항상 보상받고 싶어 하잖아. 나는 평생 엄마가 시키는 대로 살았어. 엄마가 원하는 대로 살고 있다

126

고. 내 인생이 어디 있어? 어디 있냐고! 앞으로 내 인생에 끼어들지도 말고, 내 물건도 건드리지 마. 나 이제 엄마랑 안 살아! 지긋지긋해."

문영린은 미혜와 같은 공간에 있을 수 없었다. 침실에 들어가 문을 닫고 누웠다. 눈물을 참을 수 없었다. 그녀는 소리 없이 울었다. 아무리 울어도 슬픈 감정을 덜어낼 수 없었다.

다음 날 아침, 문영린은 식탁 위에 놓인 짧은 메모지를 발견했다. 미혜가 남기고 간 메모였다.

"엄마, 나 이렇게는 살고 싶지 않아. 혼자 살 거야. 갑자기 결정한 거 아니야. 오래전부터 준비하고 생각했어. 엄마도 이제 엄마 인생 살아. 나도 내 인생 살 거니까."

다리에 힘이 풀렸다. 그 자리에 쓰러져 하염없이 울었다. 간신히 몸을 추스르고 카페에 나갔다. 며칠 동안 나타나지 않았던, 김지훈이 문영린에게 문자를 보냈다.

"어머니, 어떻게 말씀드려야 할지 모르겠는데 미혜

가 지금 제가 사는 오피스텔에서 함께 지내고 있어요. 이건 아니라고 계속 설득했는데, 소용없더라고요. 제가 잘 타일러서 돌려보낼 테니까, 조금만 시간을 주세요. 제가 꼭 돌려보낼게요. 죄송합니다, 어머니."

바로 그 순간이었다. 문영린의 세상은 종말을 맞이했다.

딸은 반 년이 넘도록 집에 돌아오지 않았다. 그녀는 극심한 우울증으로 고통에 시달렸다. 고소하고 향긋한 커피향마저도 그녀에게 쓰디쓰게 느껴졌다. 정신과에서 처방받은 약으로 하루하루를 버텨갈 뿐이었다.

###

"초콜릿 하나로 이렇게 될 수 있는 건가요? 이제 초콜릿이라는 말만 들어도 소름이 돋아요. 어떻게 나한테 이럴 수가 있어요. 그날만 생각하면 화가 나서, 견딜 수가 없어요."

나는 그녀에게 조심스럽게 물었다.

"딸이 집을 나간 이유가 무엇일지 오랫동안 진지하게 고민해보셨을 것 같아요. 생각나는 대로 이야기해주실 수 있으시겠어요?"

그녀가 말했다.

"초콜릿이죠. 초콜릿이 시작이었던 것 같아요. 딸이 문자로 '왜 먹었냐고' 따졌을 때, 그냥 미안하다고 말했으면 아무 문제 없었을지도 몰라요. 제가 지훈이에게 전화를 걸어서 문제가 더 커졌나. 이유는 정확히 모르겠지만, 뭔가 마음이 불편했겠죠, 미혜도."

그녀는 초콜릿이라는 단편적인 사건에 집중하고 있었다. 사건 자체가 없었기를 바라는 마음이나, '그 당시 엄마가 다른 반응을 보였다면'이라는 가정은, 그녀를 지독하게 괴롭혔다. 만약 초콜릿을 먹지 않았다면, 그녀의 딸이 집을 나가지 않을 것이라 믿었던 것이다.

"엄마가 딸의 초콜릿을 먹었다는 것, 그것이 딸에게 어떤 의미가 있었을까요?"

그녀는 생각에 잠겼다.

"아직도 잘 모르겠어요. 다 큰 애가 초콜릿 하나 먹었다고, 그럴 수가 있나요. 저는 평생 동안 미혜를 위해 희생했어요. 미혜가 잘 되기를 바랐죠. 아빠 없는 아이, 기죽이지 말라고 잘 먹이고 잘 입히려고 얼마나 노력했는데요."

나는 그녀의 말에 부분적으로 동의했다. 그러나, 나는 멈출 수 없었다. 한 걸음 더 들어가고 싶었다. 그녀가 튕겨나가지 않도록 신중해야 했다.

"저 역시도 다 큰 딸이 초콜릿 하나로 집을 나갔을 것이라고 생각하지 않아요. 빙산의 일각이라는 말이 있거든요. 바다에 둥둥 떠다니는 빙산은 전체 크기의 10분의 1 밖에 되지 않아요. 나머지 10분의 9는 바다 아래 잠겨 있거든요.

딸이 집을 나간 이유가 표면적으로는 초콜릿처럼 보이지만, 눈에 보이지 않는 근원적인 이유가 있을지 몰라요.

제가 집중하고 싶은 부분은 딸과 엄마의 관계에요. 수면 아래 가라앉아 있던 문제가, 초콜릿이라는 매개

체로 촉발된 거죠. 보이지 않는 부분을 설명해주실 수
있으시겠어요?"

그제서야, 그녀는 무언가 생각났다는 듯 빠른 속도
로 말을 이어갔다.

"아, 그렇군요. 그 말을 들으니까, 생각나는 게 있어
요. 미혜가 술에 취해 들어온 날, 제게 한 말이 있어
요. 그 말이 미혜의 진심일지도 몰라요. 자기가 원하
는 인생이 아니라, 엄마가 원하는 인생을 살고 있다
고. 딸을 엄격하게 키웠거든요. 대학 들어가기 전까
지, 쉴 틈 없이 몰아붙였어요. 그 덕분에 좋은 대학에
갔잖아요. 졸업하자마자 취직도 바로 되고요. 머리는
좋은 아이였어요. 그러니까, 그만큼 투자를 했겠죠."

나는 또다시 질문했다.

"만약에 제가 딸을 찾아가서, '당신의 어머니는 어
떤 사람인가요?'라고 묻는다면, 딸이 뭐라고 대답할
까요?"

물론, 실제로 그녀의 딸을 찾아갈 생각은 없었다.
그녀와 딸의 관계를 보다 구체적으로 확인하고 싶었

던 것이다.

"글쎄요. 어려운 질문이네요. 딸이 어떻게 대답할까요. 잠시 생각할 시간을 주세요. 천천히 대답할게요."

그녀는 긴 한숨을 내쉬고 힘겹게 말했다.

"아마도, '엄마는 이기적인 사람이에요.'라고 말하지 않을까요? 미혜는 아마 그렇게 생각할 거예요."

그녀는 고개를 떨구고 울기 시작했다.

눈물을 흘릴 것이라 미리 예상했는지, 그녀는 가방에서 새것처럼 보이는 손수건을 꺼냈다. 어쩌면, 그녀는 오랫동안 눈물을 흘리지 않았을지도 모른다. 손수건을 쓸 일이 그리 많지 않았던 것이다.

그녀의 손수건은 그녀의 비장한 의지를 보여주는 단서다. 마음속 깊은 곳에 담아두었던 진실을 꺼내고자 하는 그녀의 결연한 의지가 느껴졌다.

"만약 딸이 '엄마는 이기적인 사람이에요.'라고 말한다면, 당신은 그 말을 그대로 받아들이실 수 있나요?"

"아니요. 딸에게 진지하게 단 한 번 만이라도 제대로 말하고 싶어요. 오해라고, 엄마는 그런 사람이 아니라고 말하고 싶어요. 사실 딸에게 아직 말해주지 못한 비밀이 있어요. 마음속 깊은 곳에 담아둔 비밀이 있는데, 어떻게 꺼내야 할지 모르겠어요."

우리는 잠시 동안 대화를 멈추었다. 그녀는 주변을 의식하지 않고 흐느껴 울었다. 수문이 열리듯, 그녀는 십수년 동안 간직했던 눈물을 방출하는 듯했다.

###

"여보, 정말 미안해. 잠깐 실수한 거야. 다시는 안 그럴게. 한 번 만 용서해줘."

문영린의 남편은 거실 한가운데서, 무릎을 꿇고 빌었다. 일주일 전, 바다낚시를 간다며 집을 나간 남편은 다른 여자와 함께 있었다. 문영린의 고등학교 동창이 우연히 두 사람을 목격하고 사진을 찍어 보내주었다.

문영린은 남편의 진심을 느낄 수 없었다. 벌써 세 번째였다. 세 번 무릎을 꿇는 동안, 남편은 토씨 하나

틀리지 않고 했던 말을 그대로 반복했다. 그녀는 남편과 이혼했다. 더 이상 지옥 같은 삶을 살고 싶지 않았기 때문이다.

미혜가 여섯 살 때였다. 아빠가 눈앞에서 사라진 그날부터 미혜는 아빠를 찾았다. 아내에게는 무뚝뚝하고 이기적인 남편이었어도, 딸에게만큼은 다정다감한 아버지였다. 하나밖에 없는 딸이었다. 눈에 넣어도 아프지 않을 것이라고 여러 번 말했던 남편이었다.

문영린은 남편과 이혼한 이유를 딸에게 말할 수 없었다. 미혜가 어릴 때, 아빠가 외국으로 돈을 벌러 나갔다고 했다. 미혜는 착각했을 것이다. 미혜가 누리는 삶이 아버지가 벌어다 준 돈 때문이라 여겼을 것이다. 그러나, 그녀의 아버지는 오백 원짜리 동전 하나 보태지 않았다.

미혜가 고등학생 때, 엄마에게 진지하게 아빠에 대해 물은 적이 있다. 더 이상 궁색한 변명이 통하지 않을 것을 문영린은 본능적으로 알았다. 미혜는 진실을 원한 것이다. 그러나, 문영린은 진실을 말할 수 없었다. 딸에게 아버지가 좋은 기억으로 남기를 바랐다.

미혜는 궁금했을 것이다. 외국으로 돈을 벌러 나간 아빠가 왜 전화 한 통 없는지. 미혜가 초등학교 5학년 때, 그녀의 아버지는 스스로 목숨을 끊었다. 남편의 가족들은 집안 어른들 보기 부끄럽다며, 조용히 가족장을 치렀다. 모든 장례 절차가 끝나고 나서야, 시누이에게 전화 한 통 받은 것이 전부였다.

문영린은 알 수 없었다. 미혜가 무엇을 알고, 무엇을 모르는지. 차라리 진실을 말하는 것이 낫다고 여러 번 생각했지만, 그때마다 그녀는 물러섰다. 미혜의 높은 성적이 떨어질까 두려웠다. 입시가 끝나면 모든 것을 말해줄 생각이었다. 그렇게, 에둘러 말하며 진실의 순간을 외면했다.

미혜가 대학에 입학하고, 술에 취해 집에 들어와 아빠에 대해 물었을 때도 문영린은 진실을 말하지 못했다. 이제 문영린 스스로도 진실을 말하지 못하는 이유를 알 수 없었다. 막연한 두려움이 그녀를 엄습했다.

제대한 남자 친구와 결혼을 생각하고 있다고 미혜

가 말했을 때, 문영린은 단 번에 딱 잘라 말했다.

"그만 생각 하지도 마. 너는 엄마처럼 살면 안 돼. 연애만 해. 결혼 따위는 생각하지도 말고."

미혜는 처마 아래 매달린 고드름처럼 서서히 얼어붙었다. 바람이라도 불면, 부러질 것처럼 위태로웠다. 아차, 했던 문영린은 애써 웃으며 말했다.

"아직 결혼하기에는 너무 어리잖아. 지훈이도 제대한 지 얼마 안 됐고. 시간을 두고 천천히 생각해보자."

문영린은 자신이 내뱉은 말을 주워 담으려 했지만, 이미 늦어버렸다. 그녀가 내뱉은 말은 바람에 날린 민들레 씨앗처럼 홀홀 날아가 미혜의 황량한 가슴에 내려앉아 뿌리를 내렸다.

미혜의 시선에서 문영린은 이기적일 것이다. 미혜는 아버지가 보고 싶다. 그러나, 아버지를 볼 수 없다. 아버지가 이 세상에 없다는 사실조차 미혜는 알지 못한다. 문영린은 그만큼 철저하게 비밀을 지켜냈다.

결혼이라는 단어가 처음으로 두 사람 사이에 등장

했을 때, 문영린은 서툴렀다. 성급하게 내뱉은 말 하나로, 미혜의 판단이 뒤집혔다. '엄마가 날 위해 희생했다' 가 아니라, '내가 엄마를 위해 희생한 것'으로. 명백한 오해였지만, 미혜의 세상에서는 진실처럼 받아들여졌다.

그 사건이 있었던 바로 다음 날, 문영린은 미혜의 문자를 받았다.

"엄마, 아침에 내 초콜릿 먹었어? 그거 내가 얼마나 아끼는 건데, 엄마가 먹어? 그거 왜 먹었어? 그게 엄마 거야? 내 거야. 엄마 눈에 보이면, 그게 다 엄마 거야? 다 엄마 거냐고!"

차곡차곡 쌓아올려진 폭발물에 불꽃이 튀어버린 것이다. 작은 불꽃이라도 충분했다. 도화선에 불을 붙일 수만 있다면, 온 세상을 날려 버릴 것이다. 모녀 관계조차도.

문영린의 세상에서는 초콜릿이 보인다. 미혜의 세상에서는 한 번도 발을 들인 적 없는, 어두침침한 탄약고가 보인다. 같은 사건이 두 사람에게 서로 다르게 보인다. 문영린이 아는 만큼, 미혜도 알아야 한다. 두 사람의 시선에 겹치는 지점에 공감이라는 해독제가 놓여있다.

아직 늦지 않았다. 문영린에게 기회가 있다. 지금이라도 달려가 도화선을 따라 거세게 타들어가는 불씨를 발로 짓밟아 꺼야 한다. 어두침침한 탄약고에서 울고 있는 딸을 꺼내줄 수 있는 사람은 오직 문영린 뿐이다.

김지훈의 오피스텔은 미혜의 안식처가 아니라 도피처다. 지금 이 순간만큼은 미혜가 안식할 곳은 어디에도 없다. 잠시라도 쉴 곳이 필요했을 것이다. 어쩌면, 미혜는 돌아올 명분이 필요할지 모른다.

###

"미혜하고 영화를 봤어요. 저녁을 먹으면서 이런저런 대화를 했고요. 지훈이와 지내는 게 불편한 가봐요. 다음 주에 집에 들어갈 테니, 자기 방 좀 치워놓으라고 하더라고요.

피식 웃으면서 '엄마가 무슨 청소부니?'라고 말을 하는데, 고마워서 눈물이 났어요.

미혜도 말없이 따라 울더라고요. 그날은 서로 그렇게 울기만 했어요. 딸이 다시 돌아오면, 거실에서 두런두런 못다 한 이야기해야죠. 딸에게 꼭 들려주고 싶은 이야기가 있어요."

그녀는 그 말을 끝으로, 자리에서 일어났다. 나는 제자리에서 서서 그녀의 뒷모습에서 바라봤다. 세월의 거센 흔적이 깃든 흰머리조차도 내게는 찬란한 광채로 느껴졌다. 상담실을 나서는 그녀의 발걸음이 가벼워 보였다.

그녀에게 상담실은 잠시 머물다 사라지는 도피처였다. 안식처는 그녀의 집이다. 딸과 함께 머무는 그녀의 가정이다. 언젠가 딸이 엄마를 떠날 때, 그녀는 행복한 미소로 보내줄 것이다.

상처는 숨을 곳을 찾는다

"목사님, 그런 식으로 하시면, 당회가 무슨 필요가 있습니다. 절차를 밟아서 일을 진행하세요. 주변 사람들 의견도 경청하시고요. 참다 참다 말씀드리는 겁니다."

최도훈 장로가 얼굴이 시뻘게 지도록 목소리를 높

였다. 옆에 앉은 동갑내기 장로가 최도훈 장로의 팔을 붙잡고 진정하라 말했지만, 소용이 없었다.

김호열 목사는 당황해서 어찌할 바를 몰랐다. 이를 어쩌나 하는 표정으로, 조심스럽게 입을 열었다.

"장로님, 죄송합니다. 제가 장로님을 불편하게 한 것 같습니다. 진정하시고, 차분하게 대화를 해보는 게 어떨까요?"

최도훈 장로는 아랑곳하지 않았다. 기세등등하게 말했다.

"그딴 식으로 목회하지 마세요. 더 이상 가만히 있지 않을 겁니다."

최도훈 장로의 협박스러운 말투로 분위기가 험악해졌다. 참다못했는지, 나이 많은 장로가 최도훈 장로에게 말했다.

"이봐, 최 장로. 너무 나갔어. 그렇게 감정이 앞서면 옳은 말도 틀린 말로 들리는 거야. 일단, 자리에 앉게. 대화로 해결해야지, 이 사람아."

그리고, 나이 많은 장로는 목사님을 바라보며 말했

다.

"목사님, 아무래도 회의를 일찍 마쳐야 할 것 같습니다. 너무 심려 마시고, 다음 주에 만나 뵈시죠."

김호열 목사는 고개를 끄떡일 뿐이었다. 달리 다른 방도가 없었다. 다른 장로들 역시 나이 많은 장로의 지혜로운 처사에 안심하는 표정이었다. 최도훈 장로만 예외였다. 나이 많은 장로에게 한 마디를 덧붙였다.

"장로님, 그런 식으로 좋은 게 좋다고 하니까, 목사님이 당회를 무시하고 자기 멋대로 하는 겁니다. 나는 용납 못해요. 끝장을 볼 겁니다."

최도훈 장로는 화가 풀리지 않는지, 자리를 박차고 일어났다. 문이 부서져라 힘껏 닫았다. 쾅 하는 소리를 끝으로, 당회실은 적막해졌다. 다들 심각한 표정으로 자리를 지킬뿐이었다.

###

"여보, 표정이 왜 그래? 오늘 교회에서 무슨 일 있었어?"

얼굴이 시커멓게 변해서 들어온 최도훈 장로에게 그의 아내가 물었다. 그는 아무 말도 없이 소파에 앉아 TV를 켰다.

아내는 하던 일을 멈추고, 남편에게 다가왔다.

"여보, 무슨 말 좀 해봐. 왜 그래 도대체?"

남편이 말없이 TV만 응시하자, 아내는 뭔가를 눈치챘다는 듯 말했다.

"오늘 당회하고 왔구나. 또 목사님한테 험한 말 했지? 이제 그만해, 여보. 당신 그거 완전히 오해라니까. 다른 사람들은 괜찮다는데, 왜 당신만 그렇게 핏대를 세우고 반대를 해?"

아내의 말은 그의 분노에 기름을 끼얹은 꼴이었다. 그는 손에 쥐고 있던 리모컨을 바닥에 내던지며 소리쳤다.

"도대체, 내가 무슨 잘못을 했다는 거야? 그 쓰레기 같은 목사가 위선을 떨면서 앉아 있는 거 안 보여? 목사가 되기 전에, 사람이 돼야지. 기본적인 인성도 안 된 사람이 무슨 목사야? 두고 봐. 내가 그 자식을 가만히 두나. 끝까지 물고 늘어질 거야, 알겠어? ”

그의 아내는 발을 동동 구르며, 울기 시작했다.

“여보! 당신 완전히 오해라니까. 계속 왜 그래. 당신 그날 말하는 거지? 목사님 우리 집에 심방 오신 날? 그거 아니라고 내가 몇 번을 말해. 당신 정말 오해하는 거라고!”

그는 아내를 똑바로 쳐다보며 말했다.

“어떻게 그딴 짓을 당하고도, 그놈을 감싸고돌아? 내 편을 안 들고, 어떻게 그놈 편을 드냐고!”

그의 아내는 포기한 듯, 고개를 좌우로 저으며 흐느껴 울었다.

###

최도훈은 젊은 시절, 의류 유통업으로 큰돈을 벌었다. 세상 무서운 게 없었다. 아내가 아무리 교회에 가

자고 해도, 들은 체도 안 했다.

그러다, IMF를 만났다. 돈과 사람, 하루아침에 모든 것을 잃었다. 살던 집에 빨간 색 딱지가 덕지덕지 붙었다. 옷 가지 몇 개를 챙겨 나온 게 전부였다.

시골에서 농사를 짓던 장모님이 당분간 시골에 내려와 지내라고 설득했다. 괜찮다고 여러 번 말했지만, 달리 방법이 없었다. 어린 자식들을 데리고 모텔, 여관방을 전전하다가 시골로 내려갔다.

장모님이 살던 시골집은 최도훈의 가족이 함께 살기에는 비좁았다. 마당 한 귀퉁이에 컨테이너 박스를 가져다 놓고, 온 가족이 그 안에서 생활을 했다. 가까이 지내던 이웃이 딱한 사정을 듣고, 컨테이너를 잠시나마 빌려준 것이다.

시골에 내려온 그날부터, 그의 아내는 새벽마다 교회에 가기 시작했다. 밤새 한숨도 잘 수 없었던 최도훈은 아내의 인기척을 느꼈다. 주섬주섬 옷을 챙겨 입고, 말없이 아내를 따라나섰다. 어두운 밤길을 혼자 걷게 한다는 생각에, 마음이 불편했기 때문이다.

시골 교회 새벽 예배의 풍경은 가관이었다. 목사가 설교를 하는데, 앉아서 듣는 사람이라고는 머리가 새하얀 노인 세 사람뿐이었다. 그중 한 사람은 장모님이었다. 어이가 없었는지, 최도훈은 피식 웃고 말았다.

목사의 설교가 끝나고 교회 안이 어두워지자 아내가 소리 없이 울었다. 그의 마음이 뭉클했다. 아내가 기도하는 소리에 귀를 기울였다. 아내는 남편을 위해 기도하고 있었다.

돈을 실컷 벌어다 줄 때는, 아내가 마음 편히 사니까 교회 나가서 교양이나 떠는 줄 알았다. 사업이 망한 후에도 한결같이 신앙생활을 지속하는 아내에게 숙연한 감정을 느꼈다.

사업할 때는, 사업으로 바쁘다고 아내를 돌봐주지 못했다. 사업을 하지 않는 지금은, 그야말로 돈이 없어서 아내를 돌봐주지 못한다. 아내에게 미안할 뿐이었다.

아내가 진심을 다해 기도하는 소리를 듣게 되자, 그의 눈이 촉촉해졌다. 어딘가 신이 존재한다면, 바지

가랑이라도 붙잡고 매달리고 싶은 심정이었다.

그렇게, 그의 마음이 열렸다. 처음에는 새벽어둠 속에 자신을 숨기고 민망한 듯 교회에 나갔지만, 이내 조금씩 용기가 났다. 밝은 낮에 아내와 아이들을 데리고 교회에 나간 것이다.

모든 것이 어색했지만, 마음을 활짝 열고 적극적으로 참여했다. 몸과 마음이 새롭게 되기를 바랄 뿐이었다. 그의 인생을 새롭게 다시 시작하고 싶었다.

최도훈은 농사에 대해 아는 것이 없었지만, 유통에 밝았다. 인터넷이 활성화되던 시기를 기회로 잡고, 직접 재배한 농작물을 고객에게 직접 유통했다. 수익은 고스란히 사업의 규모를 키우는데 투자했다. 땅을 사고, 재배량을 늘리는 일에 집중했다.

그러다, 뉴스에서 신도시 계획을 듣게 되었다. 소파에 앉아 뉴스를 보고 있던 그는, 아내를 끌어안고 눈물을 흘렸다. 그가 사 모은 땅은 기하급수적으로 가격이 올랐고, 땅을 매각해서 큰돈을 벌었다.

상가 건물 몇 채를 사들였다. 임대료 수익으로 먹고 살 수 있게 되자, 제법 시간이 많아졌다. 자연스럽게 교회 이곳저곳에서 봉사할 일이 늘어났다. 그는 그저 감사할 뿐이었다. 모든 것이 하나님의 은혜라고 믿었다. 은혜를 베푸신 하나님께 조금이라도 보답하고 싶었다.

사람들도 그의 진심을 알았는지, 그는 어느덧 장로가 되어 있었다.

그의 사업이 번창하듯, 교회 역시 성장했다. 신도시가 조성되고 사람들이 몰려들자, 교회는 두 번에 걸쳐 넓고 좋은 곳으로 이사를 했다.

그러던 어느 날이었다. 김호열 목사는 예배시간에 중대한 발표를 하겠다는 말로 입을 열었다. 기도 중에, 교회 건축을 하라는 응답을 받았다고 했다. 성도들은 비좁고 불편한 상가 건물이 불편했던 터라, 담임 목사의 기도 응답에 손뼉을 치며 환호했다.

최도훈 장로는 심기가 불편했다. 다른 장로들의 얼굴을 힐끔 쳐다봤다. 표정을 제대로 읽어낼 수 없었다. 표정이 모두 제각각이었다.

김호열 목사는 예배를 마치고, 당회를 열었다. 당회에서 겸손한 태도로 장로들에게 사과의 말을 먼저 덧붙였다. 장로님들과 먼저 상의하지 못해 죄송하다는 말이었다.

그러고 나서, 나름의 논리로 장로들을 설득했다. 높아지는 임대료와 몰려드는 사람들을 계산했을 때, 땅값이 더 오르기 전에 서둘러 교회를 짓는 것이 낫지 않겠느냐는 논리였다.

가만히 목사의 말을 경청하던 장로들 사이에 냉랭한 기운이 돌았다. 이치에 맞는 말이었지만, 손뼉을 치면서까지 동의할 정도는 아니었던 것이다.

최도훈 장로는 참았던 말을 하고 말았다.

"목사님, 땅값이 오르기 전에 교회를 서둘러 지어야 한다는 말이 성경 어디에 나옵니까?"

예상치 못한 질문에, 김호열 목사는 당황했다. 그리고, 어색하게 웃으며 답변했다.

"장로님, 성경에 그런 말은 안 나옵니다. 지혜로운 선택을 내리자는 말입니다. 하나님이 우리에게 지혜를 주시지 않았습니까? 성경을 잘 풀고 해석해서 지혜로운 선택을 내려야지요."

최도훈 장로는 물러서지 않았다. 목사의 말이 끝나기도 전에, 곧바로 되물었다.

"성경 어느 구절을 해석하면, 그런 지혜가 나옵니까?"

분위기가 험악해지자, 김호열 목사는 한 걸음 물러섰다.

"아이고, 장로님. 제가 장로님 심기를 불편하게 했나 봅니다. 제가 죄송합니다."

최도훈 장로는 다른 장로들을 둘러보며, 한심하다는 듯이 말했다.

"장로님들, 어떻게 이런 말을 듣고 가만히 계십니까? 땅값 오르기 전에 땅을 사서 교회를 짓자는 게 말이 됩니까? 이게 땅 투기하는 사람이 하는 말이지, 목사님이 하실 말씀이냐고요?"

김호열 목사의 이마에서 땀이 흐르기 시작했다. 어떻게든 수습해야 했다. 이대로 당회를 마칠 수는 없는 노릇이었다. 그는 차분한 어조로 애써 태연하게 말했다.

"제 말에 오해가 있으신 것 같아요. 제가 조금 더 설명을 해야 할 것 같습니다. 사실 교회 건축, 안 해도 됩니다. 불편해도 그냥 참고 지내면 되는 거예요.

하지만, 다음 세대는 어떻게 합니까. 아이들이 예배드리는 곳을 한 번 둘러보세요. 아주 난리예요. 교회마다 아이들이 없어서 고민인데, 우리는 아이들이 너무 많이 와서 걱정입니다.

기도할 때마다 아이들이 생각납니다. 아이들이 마음 편하게 예배드리는 장면을 생각할 때마다 저도 모르게 눈물이 나요.

그래서, 어려운 말씀드린 겁니다. 교회 건축 안 해도 되니까, 제발 노여움 푸세요. 제가 다 잘못했습니다."

김호열 목사의 말을 듣고, 다른 장로들은 공감했다. 말없이 고개를 끄덕였다. 그 장면을 본 최도훈 장로는 미칠 지경이었다. 마음 같아서는 목사의 멱살이라도 움켜잡고 싶은 심정이었다.

'야, 이 가식적인 놈아. 말만 그럴듯하지. 나는 네놈의 실체를 다 알고 있어. 이 쓰레기 같은 놈아.'

마음속으로 그렇게 말했지만, 최도훈 장로는 그런 말을 입 밖에 낼 수 없었다. 오랜 시간, 가슴에 담아둔 말이었다. 세상 그 누구에게도 할 수 없는 말이었다.

아무리 세월이 흘렀어도, 그는 잊지 못했다. 김호열 목사가 자신의 눈앞에서 저지른 일을 생생하게 기억하고 있었다.

###

"집사님, 저와 같이 심방을 가서야 할 것 같아요. 잠시 시간을 내주실 수 있으신가요?"

같은 마을 김 씨가 교회에 등록했다. 서울에서 반듯하게 살다가 건강이 급격히 나빠져 시골에 내려온 것이다. 김 씨가 시골에 내려온다는 소식을 온 마을 사람들이 알고 있었다.

어린 시절, 김 씨는 도시로 유학을 떠났다. 혼자 공부해서 사관학교에 들어갔다. 별을 달고 예편해서 군수물품을 제조하는 중소기업의 임원이라고 했다.

김 씨는 2층짜리 전원주택이 완공된 다음에 심방을 받고 싶다고 했다. 목사님을 누추한 곳에 모실 수 없다는 말을 덧붙였다.

김호열 목사는 남자 성도가 귀한 마당에, 외지에서 내려와 시골에서 잘 정착한 최도훈이 김 씨에게 좋은 말벗이 되어줄 것이라 했다.

김호열 목사가 최도훈에게 김 씨의 집에 함께 심방을 가자고 제안한 이유였다. 최도훈은 목사의 말을 따를 생각이 없었다. 며칠 전, 길에서 김 씨를 만나지 않았다면, 절대로 목사와 마주하지 않았을 것이다.

"어이, 자네. 목사님 심방 오실 때, 같이 올 거지? 내가 귀한 음식 차릴 거니까, 자네도 꼭 와. 절대 후회 안 할 거라고."

최도훈은 마지못해 알겠다고 말했다. 심방 당일, 김호열 목사와 심방 전도사, 그리고 최도훈 장로와 그의 아내가 김 씨의 집을 방문했다.

간단히 예배를 드리고, 음식을 대접받았다. 김 씨의 말은 허세가 아니었다. 잔치라도 벌어진 듯, 온갖 음식이 나왔다. 김 씨는 목사님에게 말했다.

"목사님, 이것 좀 드셔보세요. 이게 뭐냐면요. 과메기라는 거예요. 제 친구가 포항에 사는데, 이게 딱 한 철에만 나오는 거라, 그 동네 사람에게도 귀한 음식이라고 하네요. 철마다 친구가 보내주는데, 저는 이거 먹는 게 한 해의 낙이랍니다."

김호열 목사는 눈이 휘둥그레지며, "그래요?"라고 물었다. 들뜬 얼굴로 과메기를 미역에 싸더니, 초장에 찍어 입에 넣었다. 그리고는, 엄지손가락을 치켜세웠

154

다.

　다른 사람들이 함박웃음을 터뜨렸다. 특히, 김 씨가 좋아서 어쩔 줄 몰랐다. 그러나, 최도훈은 웃지 않았다.

　식사를 마치고, 김 씨는 집안을 보여주고 싶다고 말했다. 김호열 목사는 "그럼, 그럴까요?"라는 말과 함께 심방 전도사에게 눈빛을 보냈다. 심방 전도사는 전화기를 들고, 거실 구석으로 가더니, 다음 심방을 뒤로 미루는 듯 보였다. 서로 이야기가 잘 되었는지, 밝은 표정으로 김호열 목사에게 "편안히 보셔도 될 것 같아요."라고 말했다.

　김 씨의 안내로 집안 구석구석을 들여다봤다. 그러다, 2층 서재에서 발걸음이 멈췄다. 김 씨가 만년필을 수집하는지, 유리로 된 장식장에 다양한 만년필이 가지런히 놓여있었다. 서글서글 대충대충 보이던, 김 씨의 이미지가 한순간에 바뀌던 순간이었다.

　함께 서 있던 모든 사람들이 호기심 어린 눈빛으로 만년필을 들여다보고 있었다. 그때, 김 씨가 입을 열었다.

"목사님, 관심 가는 물건 있으시면, 하나 골라보세요. 다 제 자식 같은 놈들이지만, 목사님께 하나 드리려고 생각해서 오늘 오시라고 했습니다. 걱정 마시고, 하나 골라보세요."

김호열 목사는 거듭 사양했지만, 김 씨의 고집을 꺾을 수는 없었다. 만년필 하나를 집어 들었다. 김 씨는 그 모습을 흡족하게 바라봤다.

김호열 목사가 차에 올라타서 김 씨의 집을 떠나려고 하자, 김 씨는 농담처럼 목사에게 말했다.

"목사님, 역시 보는 눈이 있으세요. 지금 타고 가시는 자동차보다 비싼 녀석을 주머니에 넣고 가시는 거예요. 오래오래 간직해주세요."

김호열 목사는 어쩔 줄 몰라 하며, 감사하는 말을 두세 번 내뱉었다. 김호열 목사가 돌아간 뒤, 최도훈은 손목시계를 들여다보았다. 세 시간이 넘도록 김 씨에 집에 머문 것이다. 최도훈은 자기도 모르게, 입술을 실룩거리며 말했다.

"쓰레기 같은 놈."

최도훈이 아내를 따라 교회를 나간지 얼마 되지 않아, 목사님이 심방을 오신다고 했다. 최도훈은 컨테이너 박스에서 누추하게 사는 모습을 보여주고 싶지 않았다.

아내는 남편을 여러 번 설득했다.

"여보, 목사님이 무슨 성도들이 얼마나 잘 먹고 사나 보시는 줄 알아? 그런 거 아니야. 편안하게 생각해."

최도훈은 마지못해 심방을 받기로 했다.

막상 심방을 받게 되자, 목사님이 방문하기 며칠 전부터 이상하게 마음이 설레었다.

최도훈의 마음이 힘들 때마다, 어떻게 알았는지 그에 딱 맞는 설교 말씀을 해주시는 목사님에게 고마웠다. 교회에서 데면데면 할 때는 민망해서 표현을 못

했지만, 심방을 받을 때는 제대로 감사하다는 말을 할 작정이었다.

없는 돈에, 나름대로 저녁 상을 차리고 목사님을 기다렸다. 시간에 맞춰, 김호열 목사가 나타났다. 컨테이너 박스에 들어선 김호열 목사는 안을 들여다보다가 자기도 모르게 한 마디를 내뱉었다.

"컨테이너 박스도 잘 꾸미니까 그럴 듯하군요."

무슨 의도였는지는 모르지만, 단 번에 최도훈의 기분이 상했다. 그의 아내는 속도 없는지, 다정한 말투로 목사에게 말했다.

"옆집에서 쓰던 거 잠시 빌려주셨어요. 이렇게라도 살 수 있어서 정말 감사하죠. 하나님 은혜에요, 목사님"

김호열 목사는 빙그레 웃으며 말했다.

"두 분 고생하시는 거 하나님이 아십니다. 그렇게 좋은 마음 가지고 계신데, 하나님께서 좋은 집으로 인도해주실 거예요."

아내는 손뼉을 치며, 아멘이라고 말했다. 최도훈은

이게 뭔가 싶었다.

김호열 목사는 성경을 펴고, 말씀을 한 줄 읽었다. 그리고는, 잠시 동안 설교했다. 그리고는, 시계를 들여다보더니, "아이고, 죄송합니다. 다음 심방이 있어, 이만 일어나 봐야 할 것 같습니다."라고 말했다.

아내가 최도훈의 옆구리를 꾹 찔렀다. 아내 눈치를 살피던, 최도훈은 어색하게 웃으며 김호열 목사에게 말했다.

"목사님, 저녁 식사라도 하고 가시죠? 차린 건 별로 없지만, 목사님 오신다고 식사를 준비했어요. 금방 차릴테니까, 5분만 드시고 가세요."

김호열 목사는 정중히 말했다.

"정말 죄송합니다. 제가 오늘 무리하게 일정을 잡았나 봐요. 시간이 조금씩 뒤로 밀려서, 이렇게 됐습니다. 이해 부탁드리겠습니다."

아쉬운 마음에 최도훈은 "설교 참 감사합니다. 많이 위로받고 있습니다."라고 말했다. 김호열 목사는, "제가 감사하지요."라는 말과 함께 환한 미소를 지어 보였다.

김호열 목사가 최도훈의 집에 도착해 차를 타고 떠나기까지 십오 분이 걸렸다. 교회의 모든 것이 낯설었던 최도훈은 아내에게 물었다.

"여보, 목사님이 시간이 철저하신 분인가 봐. 15분 단위로 사람을 만나네. 나는 사업할 때, 저런 식으로 안 했는데. 사람들이 좋아할까? 나는 기분이 별로야."

아내는 남편을 꾸짖듯이 말했다.

"당신이 몰라서 그래. 목사님들이 얼마나 바쁘신데. 휴일도 없이 저렇게 일하시는 거야. 당신이 옆에서 많이 도와드려."

최도훈은 끝내 시계를 들여다보며, 혼자 중얼거렸다.

'원래 저런 거야, 아니면 나를 무시하는 거야?'

최도훈은 손목시계를 만지작거리며, 나에게 말했

다.

"그때는 아무것도 몰랐어요. 시간이 흐르니까, 말도 안 되는 일을 당한 거예요. 앞뒤를 맞춰보니까, 완전히 무시를 당한 거죠.

그 목사는 내 사업이 성공할지 몰랐을 거예요. 내가 어떤 삶을 살아왔는지, 관심도 없었겠죠.

그날 컨테이너 박스에서 가난하게 사는 나를 보면서, 별 볼 일 없는 사람이라고 생각했겠죠. 별 볼 일 없는 내가 장로까지 되었으니 얼마나 당황스러울까요.

표현은 못 해도 아마 속으로 미칠 지경이겠죠. 장로가 항존직이라고 그랬나요? 한 번 직분을 받으면, 죽을 때까지 유효하다면서요? 어디 보세요. 내가 끝까지 괴롭혀 줄 거니까."

그는 화가 나서, 주먹을 움켜쥐며 말했다. 그 손으로 테이블이라도 내리칠 것만 같았다.

그가 꽉 움켜쥔 손에 무엇을 숨겼는지 궁금했다. 그는 스스로 손을 펴지 못했다. 움켜쥐는 것으로 근육이 적응했을 것이다. 상처는 언제나 숨을 곳을 찾는다. 그의 상처는 분노 뒤에 숨었다.

"난 고아였어요. 부모님의 얼굴을 알지 못해요. 부모도 없는 게 싸가지도 없었는지, 12살에 고아원에서 쫓겨났어요.

밤낮으로 나를 괴롭히는 친구가 있었어요. 도저히 참을 수가 없어서 그 친구 손등을 망치로 내려쳤거든요. 고아원 원장한테 뺨 한 대 얻어맞고, 그날로 쫓겨났죠. 그 녀석이 원장님 아들이었거든요.

고아원에서 쫓겨나서, 개처럼 살았어요. 구걸도 해보고, 도둑질도 해봤는데 이건 아니다 싶더라고요. 동대문에서 트럭에 옷을 실어주는 일을 했는데, 거기 사장님이 날 좋게 본 거죠.

일을 가르쳐 주더라고요. 그래서, 어느 정도 먹고살게 됐고, 아내도 만나고 그랬죠.

사장하고 잘 지내고 있었는데, 어느 날부터 사장이 날 보는 눈빛이 이상해요. 알고 보니까, 거래처 사람들이 이간질을 하고 있더라고요. 아니, 자기 밑에서 뼈빠지게 일하는 내 말을 안 믿고, 계산기나 두드리는 그런 사람들을 믿는 게 말이 되나요. 기분 더러워서 당장 그만뒀어요.

보란 듯이 성공해서, 반드시 복수하겠다고 마음먹었죠. 더 좋은 조건으로 그 사장의 거래처를 내가 다 빼앗아 왔어요. 거래처 사장들은 내가 잘 데리고 있다가, 물량을 확 끊어버려서 망하게 했고요. 다른 곳에서도 내 눈치 보느라 그쪽에 납품 안 했어요. 나한테 잘못 보이면, 끝장난다는 소문이 업계에 돌았죠.

내가 왜 이런 성격인가 생각을 해봤어요. 연관성이 있는지는 모르겠는데, 기억이 났으니까 일단 이야기를 해볼게요.

그 고아원 원장 있죠? 아이들 열 명 정도 데리고 있었는데, 완전히 위선 덩어리였어요. 거기 오는 후원자들 중에 잘 사는 사람, 못 사는 사람 있는데, 유독 잘

사는 사람한테 그렇게 잘했어요.

어려운 살림에 쌀 20Kg짜리 하나 어깨에 짊어지고 온 사람이 있었는데, 그 앞에서는 감사하다 뭐다 갖은 말을 다하더니, 그 사람 가니까 표정이 싹 변해요.

"요즘 세상에 누가 쌀을 줘. 돈으로 가져와야지. 이거 몇 푼이나 한다고 생색을 그리 내. 내가 자존심이 상해서, 이 짓도 못해 먹겠다, 진짜."

돈 많은 집에서 후원하러 오잖아요. 그러면, 신발도 안 신고 마당으로 뛰어나가서 인사를 해요. 그거 보고 있으면, 구토가 나오죠. 나는 그 여자 사람으로 안 봤어요.

그 아들자식은 고아원 애들 후원 들어온 걸로, 아주 호강을 했어요. 어린 제 눈에는 없는 게 없는 걸로 보였으니까요. 그 자식이 심심풀이로 애들 때리고, 괴롭히고 그래도, 아무도 말 못 했죠.

그놈하고 싸움 붙는 놈은, 가차 없이 쫓겨나거든요. 갈 곳 없는 어린애들이 어쩌겠어요. 그냥 참는 거죠.

하루는 잠을 자고 있는데, 그 자식이 내 발가락에

불침을 놨어요. 발가락 사이에 휴지를 끼워서 불을 붙이면, 화상을 입죠. 여름이었는데, 물집이 잡히고 터지고 곪아서 걷기도 힘들더라고요. 그만두라고 해도, 계속 그 짓을 해요. 발가락이 성할 날이 없었어요.

자다가 느낌이 이상해서 깼는데, 또 그 짓을 하고 있어요. 화가 나서 미칠 지경이 되었죠. 당장 죽여버릴 생각으로 망치를 가져왔어요. 차마, 죽일 수는 없어서 손등을 내려친 거죠.

지 자식이 아프다고 울고불고 하니까 원장이 깜짝 놀라 잠에서 깼죠. 지 자식을 끌어안고, 내 뺨을 때리더라고요. 그 새벽에 날 쫓아낸 거죠. 홧김에 불이라도 지르고 싶었지만, 다른 애들 때문에 참았어요. 그 아이들이 무슨 잘못이 있겠어요. 아직도 가끔 그날이 생각나요. 그 쓰레기 같은 원장 얼굴도 떠오르고요."

그의 말을 듣고, 잠시 동안 내 생각을 전해주었다. 그는 긴 한숨을 쉬더니, 한참을 망설이다 조심스럽게 말했다.

"흥미롭네요. 쓰레기라는 말을 원장에게 썼는데, 목

사에게 똑같은 말을 하고 있네요. 생각지도 못했거든
요."

그는 여유를 되찾았는지, 미소 띤 얼굴로 말을 이어
갔다.

"에효. 목사도 사람인데, 그럴 수도 있죠. 나도 뭐
사람인데요. 예수님 앞에서 도토리 키재기죠. 사람한
테 뭐 기대할 게 있겠어요. 다 부질없는 짓이죠. 이제
교회에서 목사하고 싸움박질하는 것도 지쳤어요. 때
가 되면 떠나야죠.

소박한 꿈이 하나 있거든요. 시골 마을에 조용하고
따뜻한 고아원 하나 짓는 거예요. 사실, 아내와 오래
전부터 준비하고 있었거든요.

나처럼 부모 없는 아이들, 갈 곳 없는 아이들, 상처
받지 않도록 잘 키워내고 싶어요. 그렇게 하려면, 제
상처부터 먼저 치유해야겠지요?"

최도훈은 그의 꿈을 말하면서, 고개를 숙였다. 그의
머리카락에 하얀 새치가 드문드문 보였지만, 내 눈에
는 그가 12살 꼬마로 보였다. 그에게 다가가, 그의 손

166

을 살며시 잡아주었다. 그는 잠시 동안 나를 끌어안
고, 아이처럼 울었다.

상처가 많아서 그런가봐

혜연은 용기를 내서 목사님과 마주했다. 교회 목사
님이 혜연의 집을 방문한 것이다. 밤새 고민하며, 정
리해 두었던 말이 생각나지 않았다. 사막에 혼자 서
있는 기분이었다. 엄마는 그런 혜연이 답답했는지, 옆
구리를 꾹 찌르며 속삭이듯 말했다.

"뭐 한다냐? 목사님 모셔다 놓고."

혜연은 침을 한 번 꿀꺽 삼키고는 목사님에게 떨리는 목소리로 말했다.

"사실 제가 오랫동안 고민해 온 문제가 있어요. 저는 목사님이 무서워요."

목사는 당황했다. 그러다, 이내 차분해졌다. 오랜 경륜으로 산전수전 다 겪어봤다는 표정이었다.

"제가 무섭다고요?"

혜연은 움찔했다. 파도처럼 후회가 밀려왔다. 엎질러진 물이었다. 목사는 이유를 알고 싶어 했다.

"구체적으로 말씀해주실 수 있겠어요?"

혜연은 혹시라도 목사님에게 상처를 주는 것은 아닐까 걱정했다.

"주일 설교를 하실 때와 수요 예배 설교를 하실 때, 목사님의 설교 스타일이 조금 다르신 것 같아요…."

"네, 정확히 아시네요. 주일 설교와 수요 설교는 청중이 다르잖아요. 주일에는 교회에 처음 나오시는 분들이 계시니까, 아무래도 부드럽게 설교하지요. 하지만, 수요 예배는 청중이 달라요. 헌신된 분들이고, 말씀을 사모하는 분들이니까 그에 맞게 설교하지요."

"저는 수요 예배에 가면 무서워요, 목사님."

"그러니까, 뭐가 무섭다는지 말씀해 주세요."

혜연은 다시 움츠러들었다. 마음 같아서는 당장 그 자리를 박차고 일어나 도망치고 싶었다. 심장이 요동치고, 호흡이 가빠졌다. 그녀는 억지로 마음을 진정시켰다.

"말씀을 전하시다가, 갑자기 소리를 지르시면 저는 어찌할 바를 모르겠어요."

목사는 이제야 알겠다는 듯, 고개를 끄떡였다.

"아, 충분히 그럴 수 있죠. 수요 예배에서는 제가 조금 강하지요. 하지만, 어쩔 수 없어요. 요즘 마음 편하게 신앙생활을 하려는 분들이 많아서요.

언제까지나 새가족일 수는 없잖아요. 교회 오래 다니셨으면, 말씀을 듣고 자라나야죠. 자매님도 시간이 조금 지나면 적응이 되실 거예요."

벌써 6년이었다. 혜연은 적응할 수 없었다.

목사가 다시 물었다.

"최근에 그런 적 있으세요?"

"지난주에, 목사님께서 설교를 하시다가 성도들의 태도가 마음에 안 드셨나 봐요. 갑자기 소리를 지르셨어요. 말씀을 듣는 태도가 그게 뭐냐고. 그게 성도의 바른 자세냐고. 저는 목사님이 소리를 지르시자마자, 가슴이 답답해지면서 식은땀이 나기 시작했어요."

"아, 기억나요. 그날 몇 사람이 꾸벅꾸벅 졸더라고요. 그래서, 깨워준 거예요. 제가 소리를 질렀다고 해서, 화가 났다고 생각하시면 안 돼요. 제가 소리를 지른 건, 경각심을 심어주기 위해서예요. 항상 깨어서 말씀을 들어도 모자란 판에, 예배 시간에 졸다니요. 그럴 수는 없지요."

목사는 혜연의 반응을 살폈다.

"맞아요, 목사님. 저도 목사님이 무슨 말씀 하시는지 알아요. 일상생활에서 목사님 말투는 설교하실 때와 다르시거든요. 평소에는 지금처럼 편안하게 말씀해주시잖아요. 하지만, 저한테는 설교하는 목사님과 대화하는 목사님이 구분이 되지 않아요. 지금처럼 편하게 대화하다가도 목사님이 버럭 화를 내실까 무섭거든요."

목사는 시계를 바라보며, 조급한 심정을 드러냈다. 시간이 넉넉하지 않았던 것이다.

"혹시, 어릴 때 상처받은 기억이 있으세요? 저는 한 교회에서 10년 넘도록 목회를 했는데, 자매님처럼 말씀하시는 분은 처음 만나보거든요."

혜연은 깜짝 놀랐다. 친정 엄마가 옆에 있는 상황에서, 어린 시절의 상처에 대해 말할 수 없었다. 어머니가 서운하지는 않을까 걱정스러웠다.

혜연의 그런 모습이 답답했는지, 그녀의 엄마가 나섰다.

"목사님, 말씀 들으니께, 생각나는 것이 있네유. 사실, 얘 시아버지가 그리 무섭다네유. 신혼 초에 아주 무서워서 혼났다고, 그리 말한 기억이 나유. 혹시 그게 무슨 상관이 있을까유?"

목사는 "아하!"하는 표정이었다. '그래서, 그랬구나'

라는 단서를 발견한 것이었다. 혜연을 대하는 태도가
급변했다. 부드러운 목소리로 말했다.

"자매님, 그럴 수 있습니다. 충분히 그럴 수 있어요.
시간이 지나면, 괜찮아지실 거예요. 저도 당분간은 소
리를 지르지 않겠습니다. 하지만, 자매님 역시, 그 상
처에서 벗어나기 위해 노력하셔야 해요. 주님이 도와
주실 겁니다."

혜연은 엄마가 야속했다.

목사는 심방을 마무리하는 기도에서, 성령의 능력
으로 상처가 치유될 것이라고 강하게 선포했다.

혜연은 감정을 추슬러야 했다. 엄마에게 공격적으
로 말하고 싶지 않았다. 평정심을 되찾기까지 꼬박 하
루가 걸렸다.

마트에 장을 보러 가는 길에, 차 안에서 엄마에게
물었다.

"엄마, 어제 목사님 앞에서 왜 그렇게 말했어? 나 속상했어. 내가 무슨 환자 같았잖아. 엄마까지 그렇게 말하면 난 어떻게 하라고. 목사님이 나를 얼마나 오해하시겠어."

혜연의 엄마는 태연하게 말했다.

"내가 뭐 잘못했다냐. 니가 그래 말을 안하고 있으니까, 내가 대신 말해준 것이여! 니가 또박또박 말을 했으면, 엄마가 그리 말을 했것어? 답답하면 말을 해야지, 왜 말을 한 마디도 못 혀…. 다 커 가지고 답답해 죽것네. 그래서, 지금 엄마한테 따지고 있는 겨?"

운전대를 잡고 있던 혜연은 엄마가 내던진 말에 화가 났다. 빨간색 신호 앞에서 차가 멈춰 섰을 때, 혜연은 엄마를 돌아보며 말했다.

"엄마는 왜 항상 그런 식으로 말해? 나 정말 답답해."

엄마는 뒷자리에 앉아, 딸의 얼굴을 쳐다보지도 않고, 창밖을 바라보며 말했다.

"아이고, 이게 뭔 일이래. 엄마가 입을 처닫고 쥐 죽은 듯이 있어야, 니 속이 편하제? 알것어. 이제 그럴 겨. 교회도 이제 너 혼자 나가 이것아. 억지로 늙은 애미 끌고 나가지 말고!"

마트에 도착할 때까지, 혜연은 엄마의 푸념을 들어야 했다. 그녀는 반쯤 정신이 나간 상태로, 마트 사이를 거닐었고 택배 직원처럼 식재료를 차에 실었다.

집으로 돌아오는 길에서도, 혜연의 엄마는 쉬지 않고 푸념했다.

"어디서부터 뭐가 잘못되었는지 모르겠어요. 교회 목사님 말씀대로, 제 상처 때문에 그런 걸까요? 이런 문제로 상담받는 게 조금 웃기지만, 상처 때문이라면 치유받고 싶어요."

나는 가만히 그녀의 이야기를 듣다가, 의도적으로 무례한 질문을 던졌다. 진실에 한 걸음 다가가기 위한, 직설적인 질문이라고 말했다.

"교회를 옮기고 싶은 생각은 없으신가요? 더 건강하고 따뜻한 교회도 있어요."

"아니요, 그런 생각은 전혀 없어요."

혜연은 밝은 목소리로 즉시 대답했다. 의외였다.

"그럴 수는 없어요. 저는 제가 다니는 교회가 좋아요. 목사님의 말씀으로 은혜받고 있고요. 단지, 목사님의 표현 방식이 제게 고통스러운 것 같아요. 목사님이 심방 오셨을 때, 제 생각을 솔직히 표현을 못 해서 답답했던 거예요."

그녀는 잠시 기억에 잠긴 듯했다.

"이 교회가 저의 첫 교회에요. 여기서 예수님을 처음 만났거든요. 나는 내 발로 교회를 떠나지는 않을 거예요. 절대로 그럴 수는 없어요."

나는 마음이 울컥했다. 감동의 파장은 컸다. 나는 잠시 동안 말을 잇지 못하고, 복받쳐 오르는 감정을 추슬러야 했다. 내가 아는 한, 그녀는 그렇게 말할 수 없었다.

그녀의 청량한 말투는, 먹구름 사이에서 직선으로

쏟아져 내리는 강렬한 빛과 같았다.

"여보, 나 몸이 조금 이상한 것 같아. 아기가 나오려나 봐."

예정보다 두 달이나 빨리 산통이 찾아왔다. 남편은 아내를 급하게 챙겨, 병원으로 데려갔다.

"괜찮습니다. 너무 무리하신 것 같아요. 스트레스 관리를 잘하셔야 해요. 엄마가 마음이 편해야, 아이도 뱃속에서 마음 편하게 잘 지냅니다."

의사가 혜연을 안심시키며 말했다.

돌아오는 길에, 혜연은 남편에게 말했다.

"여보, 내가 극성떨어서 미안해. 당신 잠도 못하고 피곤할 텐데…"

남편은 그게 무슨 소리냐는 듯, 혜연의 손을 꼭 붙잡았다.

큰일이 나지 않은 것이 다행이었다. 아기는 뱃속에

서 건강하게 잘 자라고 있었다. 두 달 뒤에 태어날 아기를 생각하는 것만으로 부부는 행복했다.

일주일 뒤, 혜연에게 똑같은 증세가 나타났다. 배가 찢어질 듯 아팠다. 남편은 어제 저녁 야근으로 피곤해서 잠을 자고 있었다.

혜연은 지난번의 경험을 떠올렸다. 남편을 깨우고, 병원에 가는 동안 통증이 가라앉았다. 남편을 깨워 번거롭게 하고 싶지 않았다. 소파에 몸을 기대고, 호흡을 가다듬었다. 두세 시간만 버티면, 통증이 사라질 것이라고 믿었다.

"여보!"

남편이 부르는 소리에 혜연은 의식을 되찾았다. 눈을 뜨고, 맞이한 것은 하얀색 가운을 입은 의사와 간호사였다.

혜연은 소파에서 의식을 잃고, 기절해버렸다. 잠에서 깬 남편이 의식을 잃은 아내를 병원으로 데려온 것이다.

곧바로 수술이 이어졌다.

혜연은 예정보다 이른 시기에, 아기를 받아들었다. 그러나, 그녀를 기다린 것은 축복의 메시지가 아니었다.

의사는 혜연에게 끔찍한 소식을 전했다.

엄마가 기절해 있는 동안, 아기는 치명적인 사고를 당했다. 산소가 원활히 공급되지 않아, 아기의 뇌가 망가진 것이다.

"자, 기다려야지. 손으로 음식을 먹으면 안 돼."

혜연의 남편은 아들에게 친절한 목소리로 말했다.

아들은 가만히 손을 내리고, 아빠의 눈치를 봤다. 아빠가 한 눈을 판 사이에, 손으로 스팸 한 조각을 집어 들었다.

"내려놔! 아빠가 몇 번 말했어? 손으로 음식을 집어 들면 안 된다고!"

남편이 큰 목소리로 말하자, 혜연은 깜짝 놀랐다.

"태호야. 아빠 말 들어야지. 엄마랑 있을 때는 잘하잖아. 조금만 기다려. 엄마가 국만 뜨고, 바로 갈게."

세 사람은 아무 말 없이 식사를 마쳤다. 태호가 엄마의 스마트폰을 집어 들고, 자기 방으로 들어갔다. 주말 아침 두 시간 동안은, 마음껏 스마트폰을 쓰게 해준다는 규칙을 따른 것이다.

태호가 방으로 들어가자, 혜연은 남편에게 타이르듯 말했다.

"여보, 내가 부탁했잖아. 소리 지르지 말라고. 태호도 그렇고, 나도 그렇고 깜짝깜짝 놀란다니까."

남편이 말했다.

"그러게. 알면서도 잘 안되네. 답답해서 그랬어."

"아니야, 여보. 나도 심하게 말해서 미안해. 당신 같은 아빠 없어. 우리 태호가 특별한 거잖아."

남편은 식탁에서 일어났다. 야구 배트와 글러브를 챙겨서 태호를 불렀다. 태호는 신이 나서, 아빠를 따라나섰다.

혜연은 현관까지 걸어 나와, 남편의 볼과 태호의 이

마에 차례로 입을 맞췄다.

"태호랑 조금만 놀다 올 테니까, 당신도 집안일 하지 말고 눈 좀 붙여. 내가 갔다 와서 할 테니까."

"응, 알았어."

두 사람을 내보내고, 혜연은 싱크대에 서서 물을 틀었다. 수세미에 거품을 내고, 접시를 닦았다.

"태호야! 너 정말 왜 그래? 제발 좀 가만히 있으라고, 엄마가 몇 번을 말해?"

태호는 공중에 팔을 휘저으며, 엄마 품에서 벗어나려고 했다. 태호를 당해낼 수 없었다. 팔을 휘젓고 몸을 비틀어서, 엄마 품에서 빠져나온 태호가 책상 밑으로 기어들어가며 말했다.

"엄마, 미워."

혜연은 지쳐서 자리에 털썩 주저앉았다.

"엄마가 왜 미워? 엄마가 얼마나 힘들게 노력하는

데, 태호는 그것도 몰라?"

"몰라. 엄마 나가. 엄마 내 방에서 나가."

"태호야. 엄마가 왜 나가. 제발 엄마 말 좀 들어. 엄마 힘들어서 미치겠어."

"싫어. 엄마 싫어."

혜연은 무릎에 얼굴을 파묻었다. 참았던 눈물이 터졌다. 어깨를 떨면서, 그 자리에서 한참을 울었다.

감정을 추스르고 고개를 들어보니, 태호는 책상 밑에서 새근새근 잠에 들었다. 차분해진 아이를 품에 안아, 침대에 눕혔다.

잠에 든 태호는 여느 아이와 다를 것이 없었다. 태호의 얼굴을 들여다보며, 혜연은 또다시 눈물을 흘렸다.

"태호가 오래 못 버틸 것 같아요. 마음의 준비를 하셔야겠습니다."

혜연이 피곤해 잠시 눈을 붙인 사이, 태호가 자전거를 타고 아파트 주변을 돌아다녔다.

호기심이 많은 태호는 마음 가는 대로 자전거를 몰았고, 결국 아파트 단지를 벗어나 도로 위를 달렸다.

그러다, 거세게 달리는 레커차와 부딪혔다. 무전기로 교통사고 소식을 수신 받은 레커차가 무리한 속도로 갓길을 달리다가 태호를 치어버린 것이다.

사고가 난지 사흘 만에 태호는 세상을 떠났다. 태호가 세상을 떠나는 날, 혜연의 세상은 무너졌다.

"수면제를 처방받지 않으면 잠을 이룰 수 없었어요. 남편도 마찬가지였어요. 주말이면, 남편과 저는 소파에 앉아, 태호의 사진을 바라봤죠. 자식을 가슴에 묻는다는 말이 무슨 뜻인지, 겪어보지 않은 사람은 모를 거예요."

혜연은 몸을 가누지 못할 정도로 무기력했다. 기력

이 없이 침대에 누워있는데, 현관의 벨이 울렸다.

혜연의 반응이 없자, 현관문을 두드리는 소리와 함께 "교회에서 나왔어요. 잠시 문 좀 열어주실 수 있나요?"라는 말이 들렸다.

혜연은 침대에 누워 꿈쩍도 하지 않았다. 그 목소리는 옆집으로 옮겨갔고, 옆집의 옆집으로 옮겨갔다. 목소리는 점차 멀어졌고, 이내 안 들리게 되었다.

남편이 퇴근하고 집에 돌아오는 길에 문틈에 꽂혀있는, 전단지 뭉치를 가지고 들어왔다. 식탁 구석으로 던져놓고, 피곤한 듯 넥타이를 풀었다.

그날 밤, 혜연은 태호의 꿈을 꾸었다.

꿈에서 태호는, 아픈 아이가 아니었다. 하고 싶은 말을 또박또박 말했다.

"엄마, 자살하면 지옥 가요?"

"그게 무슨 소리야, 태호야."

"내가 엄마를 너무 힘들게 하는 것 같아요. 차라리 죽고 싶어요, 엄마."

"태호야, 아니야. 그러면 안 돼."

"미안해요, 엄마. 엄마를 너무 힘들 게 해서…."

"태호야….."

태호는 점점 작아지더니, 어두운 복도 끝으로 사라졌다. 혜연이 태호를 애타게 불렀지만, 태호의 목소리는 들리지 않았다. 태호를 부르는 그녀의 목소리가 벽에 부딪혀 메아리로 돌아왔다.

그녀는 잠에서 깼다. 눈물이 베개를 적셨다. 목이메어, 숨을 쉴 수가 없었다. 거실로 걸어 나와 물 한컵을 들이킨 혜연은 식탁 위에 놓여 있는 교회 전단지를 발견했다.

푸른 초장 위에 세워진 아담한 교회 건물과 아이들이 밝게 웃는 사진이 파스텔톤으로 합성된 전단지였다.

교회 이름이 익숙했다. 잊혀진 기억이 떠올랐다. 태호와 잠시 함께 다녔던 바로 그 교회였다.

###

"태호가 교회를 좋아하네요. 자주 나오시고 그러세요."

무뚝뚝해 보이는 목사가 다정하게 말하려고 애를 쓰는 것 같았다. 혜연은 어색한 웃음만 지을 뿐이었다.

어린이집에 다닐 수 없는 태호가 혹시라도 친구를 사귈 수 있을까 싶어 아파트 단지 내의 교회에 잠시 들렀다. 놀이터에서 아이들에게 솜사탕을 나눠주던 교회 봉사자들을 만나고, 호기심이 생긴 터였다.

태호는 교회를 좋아했지만, 혜연은 교회가 편하지 않았다. 새로운 사람들을 한꺼번에 만난다는 것이, 혜연에게는 쉽지 않은 일이었다.

두어 달 교회를 나가다 그만두었다.

태호는 교회에 가자고 고집을 부렸고, 그때마다 혜연은 태호를 타일렀다.

일요일 아침, 혜연은 늦잠을 자고 일어났다. 태호의 방문을 열었을 때, 태호가 보이지 않았다. 그녀는 소스라치게 놀랐다.

남편이 부리나케 옷을 챙겨 입고 태호를 찾으러 나섰다. 혹시나 하고 교회를 찾아갔을 때, 신나게 놀고 있는 태호를 발견했다. 남편이 씻지도 않은 얼굴로 교회에 들어가 태호를 끌어안고 나오는 민망한 일이 여러 번이었다.

교회 전단지를 붙잡고 있던 혜연의 손이 파르르 떨렸다. 전단지에 합성된 이름 모를 소년과 태호의 얼굴이 겹쳤다.

"엄마···."

그녀는 그대로 주저앉아, 하염없이 울었다.

###

"처음 교회를 나갔는 때는 모든 것이 낯설기만 했어요. 목사님 설교도 하나도 못 알아들었어요. 남편이 혼자 가면 민망하니까, 함께 가준다고 해서 그나마 다행이었죠."

###

혜연은 꾸준히 교회에 나갔다. 목사님의 설교가 조금씩 귀에 들어왔다. 아는 사람도 늘어갔다. 혜연은 용기를 냈다. 태호와 같은 또래 아이들을 가르치는 주일학교 교사가 된 것이다.

교회를 나간 첫해, 여름 수련회 준비로 바빴다. 목사님은 마음이 분주할수록 더욱 기도로 준비해야 한다면서, 교사들을 기도의 자리로 이끌었다. 여름 수련회를 앞두고, 일주일 동안 새벽 예배에 나오라고 독려했다.

세 번째 날이었다. 그녀가 눈을 감고 기도하는데, 어디선가 다정한 목소리가 들렸다. 예수님이 말씀하시는 것 같았다.

"혜연아, 많이 힘들지?"

그녀는 목이 메어 한 마디도 내뱉지 못했다. 고개를 숙이고 흐느껴 울 뿐이었다. 그날 밤, 혜연은 수면제를 복용하지 않고, 편안히 잠들었다.

주일 학교 아이들이 뛰노는 모습을 보면서, 혜연은 생각했다.

"이 아이들이 태호다. 예수님이 나에게 새로운 자녀를 맡겨주셨다."

#

"태호를 잃은 슬픔을 예수님이 위로해주셨어요. 마음이 조금 안정되나 싶었을 때, 엄마가 전화를 했죠. 아버지가 갑자기 쓰러지셨다는 소식을 들었어요."

혜연의 아버지는 알코올 중독자였다. 아버지의 젊은 날, 가정은 쑥대밭이었다. 하루가 멀다 하고, 아내와 아이들을 두들겨 팼다. 술과 도박에 빠져, 가정은 가난에 찌들었다.

혜연의 어머니는 가족을 먹여 살려야 했다. 건어물 노점상을 시작해서 죽도록 일을 했다. 새벽부터 밤늦게까지 쉬지 않았다. 어머니가 밖에서 벌어준 돈으로 입에 풀칠을 하며 살았다.

혜연은 말이 없는 아이였다. 항상 혼자였다. 그녀는 사춘기조차 기억나지 않았다. 존재감 없는 아이로 자란 것이다. 대학에 가서도, 흔한 미팅 한 번 하지 않았다. 같은 과 선배였던 남편이 적극적으로 다가오지 않았다면 결혼조차 하지 않았을 것이다.

아버지가 쓰러지셨다는 말을 듣고, 혜연의 마음은 복잡했다.

억지로 병원을 찾았던 혜연은, 막상 의식 없이 누워있는 아버지를 바라보자 생각이 달라졌다.

아버지 옆에 앉아 아버지를 물끄러미 바라보며, 혜연은 다짐했다.

'제가 아빠를 돌봐줄게요.'

의사는 '아버지가 의식은 깨어있는 상태'라고 말했다. 혜연에게는 반가운 소식이었다.

혜연은 남편에게 양해를 구하고, 병원에서 먹고 자고 하면서 아버지를 간호했다. 여름에 쓰러진 아버지는, 그 해 첫눈이 내리고 며칠이 지나 세상을 떠났다.

혜연은 말했다.

"아빠가 의식을 잃고 쓰러지신 몇 달은 제게 치유의 시간이었어요. 그동안 아빠에게하지 못한 말을 마음껏 했거든요. 혼자 웃고 울고 하면서, 정말 하고 싶은 말을 다 했어요. 눈을 감고 있는 아빠가 친밀하게 느껴질 정도였거든요. 조심스럽게 복음을 전했어요. 천국에서 아빠를 다시 만나고 싶어서요. 아버지가 복음을 듣고 주님 품에 안기셨기를 바랐거든요.

그리고, 아빠에게 부탁했어요. 천국에서 우리 태호를 만나면 아빠가 잘 돌봐주라고요."

###

혜연은 혼자 남은 어머니를 돌보고 싶었다. 남편도 흔쾌히 동의했다. 까다로운 시부모를 자기 부모처럼 생각해주는 아내에게 고마웠다. 예상과 달리, 어머니와 함께 살면서, 힘들어진 사람은 남편이 아니라 그녀 자신이었다.

그녀는 말했다.

"저는 엄마와 친밀하지 않아요. 같이 있으면 너무 불편하거든요. 생각해보니까, 엄마와 함께했던 기억이 전혀 없어요.

그렇게 술 주정을 했던 아빠도 나중에는 친밀하게 느껴지던데, 엄마는 왜 이렇게 어색할까요? 시간이 흐르면 괜찮아지겠지 했는데, 점점 심각해지는 것 같아요."

혜연의 어머니는 거친 성격이었다. 술주정하는 남편 대신 생계를 책임지고, 살림을 해야 했으니, 억세게 살지 않으면 버틸 수 없었을 것이다.

혜연은 기억했다.

"엄마는 아빠처럼, 집안 살림을 부수거나 우리를 때리지는 않았지만, 고래고래 소리를 질렀죠. 이렇게 말하면 웃기지만, 저는 차라리 맞는 게 나았을 거라는 생각을 해요. 일곱 살 때였을까요? 엄마가 소리를 지르니까, 제가 기절을 했어요. 어린애가 무서웠겠죠."

###

"아무리 시대가 좋아졌다고 해도, 스마트폰으로 성경을 찾는 게 지금 말이 됩니까? 북한이 쳐들어와서 전쟁이라도 나면, 스마트폰 들고 싸울 거예요? 총 들고 싸워야 될 것 아니에요! 영적 전쟁은 그보다 더 치열한 싸움이에요. 성경을 손에서 놓으면 안 된다고요! 예배 오실 때, 성경 좀 가지고 다니세요! 말씀을 의지할 생각을 해야지, 스마트폰만 들여다보고 있으면 도대체 어떻게 합니까?!"

수요 예배였다. 목사는 또다시 소리를 질렀다. 혜연은 성경을 가지고 왔지만, 그 자리에 앉아 독설을 들어야 했다. 심장이 뛰고 식은땀이 났다.

예배를 마치고 집으로 가는 차 안에서, 혜연의 엄마가 억세게 말했다.

"그딴 교회를 뭣 하러 나가는 겨? 목사라는 사람이, 오늘도 소리를 지르고 난리를 피우더구먼. 나는 도대체 니 속을 모르것어. 왜 나까지 데리고 나가서, 이렇게 화병이 나게 하는 겨? 말 좀 해봐, 이것아!"

그녀는 말없이 운전만 할 뿐이었다.

"제 신앙이 올바른 건지는 모르겠지만, 상담을 받고 있으니까 솔직히 말하고 싶어요.

그런 일은 절대로 일어나지 않겠지만, 혹시라도 목사님이 교회 돈을 횡령하거나 여자 문제로 교회를 쑥대밭을 만들어도 저는 교회를 떠나지 않을 거예요.

그곳에서 예수님을 만났고, 우리 태호처럼 사랑스러운 아이들을 돌보고 있어요. 세상 어느 교회를 가도, 예수님이 계시겠죠. 하지만, 우리 교회에도 예수님이 계세요.

예수님만 바라보고 싶어요. 예수님처럼 어린 아이들을 사랑하면서 신앙생활 하고 싶어요. 목사님이 서툰 방식으로 성도들을 대하시더라도 이해할 수 있어요. 제가 상처가 많아서 그런 거니까요.

엄마도 여자로 보면, 정말 불쌍하다는 생각을 해요.

지금까지 고생만 하셨잖아요. 저한테 투정을 안 부리면 어디 가서 그러시겠어요. 힘들어도 이해하고 싶어요. 아빠도 전도했으니까, 엄마도 전도해야죠.

제 꿈이 뭔지 아세요?

천국에서 우리 가족이 다 같이 만나는 거예요."

그녀는 손가락을 구부려가며, 셈을 하기 시작했다.

"우리 태호…. 아빠, 엄마. 남편, 그리고 나…. 천국에서 다 함께 만나는 꿈을 꿔요."

그녀는 고개를 숙이고 흐느꼈다. 그리고, 부끄러운 듯 내게 물었다.

"제가 이상하게 믿죠? 상처가 많아서 그런 가봐요."

나는 눈물을 머금은 채로, 고개를 살며시 저었다. 내 진심이 그녀에게 전해지기 바랐다. 그녀는 상처 입은 치유자다.

기억의 전이

"내가 바보 천치인 줄 알지? 당신이 아랫집 남자와 그렇고 그런 사이인 거 내가 오래전부터 알고 있었어. 운동은 무슨 운동, 새벽마다 그 남자하고 이러쿵저러쿵하는 거 내가 모를 줄 알아?"

남편은 오늘도 어김없이 똑같은 말을 내뱉었다. 정

희는 들은 척도 하지 않았다. 신발을 신고 밖으로 나갈 때까지, 남편은 차마 입에 담기도 힘든 욕설을 쉬지 않고 내뱉었다.

정희는 아무런 대꾸도 하지 않고 현관문을 열었다.

아직 동이 트기 직전이었다. 삼십 년 지기 친구, P를 산책로 입구에서 만났다.

"오늘도 영감이 욕하는 소리가 창밖으로 다 들리데? 밤낮 그 소리여?"

P가 물었다.

"나도 모르것어. 갈수록 심해져. 딸들이 병난 것 같다고, 요양원에 보내자는데, 사지가 멀쩡한 사람을 어떻게 요양원에 보내것어. 내가 그냥 참고 살아야 제"

정희가 말했다.

두 사람은 산책로를 걸으며, 대화를 나누었다.

정희는 요즘 가슴이 답답하고, 머리가 찌근거려서 산책을 나갔다 오면, 오전 내내 침대에 누워 움직일 수 없다고 말했다. P는 당뇨가 날이 갈수록 심해져서, 걱정이라고 말했다.

삼십 년 동안 매일 아침마다 대화를 나누어도, 소재는 고갈되지 않았다. 두 사람은 마치 세상에 존재하기 이전부터, 서로를 알고 있었던 것 같았다.

정희가 산책을 마치고, 집에 들어서자 남편이 쏜살같이 달려들어 말했다.

"이 여편네 얼굴 좀 봐. 그리도 좋았어? 늙어서 추하게, 쓸데없는 것에 맛 들여 가지고, 부끄러운 줄 알아!"

정희는 남편을 무시하듯, 화장실을 향했다. 남편은 정희에게 따라붙으며 말했다.

"암, 그래야지. 흔적은 확실히 지워야지. 내 집에 들어왔으니까, 그 더러운 놈의 흔적은 지우는 게 맞지."

나이 팔십이 넘어 이렇게 추한 꼴을 당할지, 정희는 몰랐다.

"이 여편네, 당장 문 열어. 문 닫고 지금 뭐 하는 거야?"

남편은 문 손잡이를 부러뜨릴 기세였다.

정희는 어지러워 침대에서 일어설 수가 없었다. 남편은 문을 발로 차고, 뒤흔들더니 갑자기 조용해졌다. 밖에서 찰랑찰랑거리는 소리가 들리더니, 이내 문이 열렸다. 남편이 마스터키를 가져온 것이다.

"아랫집 그놈, 벌써 창문으로 내뺐구먼. 이 여편네 이거 기운이 하나도 없네. 지 몸뚱이 지가 몰라? 늙어서 그 짓을 하니까, 몸이 견뎌나겠어? 제발 정신 좀 차려, 이 여편네야."

정희의 의식이 희미해졌다. 사력을 다해, 남편에게 말했다.

"영감, 구급차 좀 불러줘. 나 지금 큰일 난 것 같아."

남편은 차가운 눈빛으로 쏘아보며 말했다.

"양심도 없는 여자 같으니라고."

남편은 구급차를 불렀다. 정희는 가까운 병원에 입원을 했다. 수액을 맞으며 기운을 차리고 있는데, P가 다급하게 들어왔다.

"정희야. 너 아무래도 안되겠다. 지금 나보다 상태가 더 안 좋아. 요양원에 가든지, 딸네 집에 가든지 해야 할 것 같아."

정희는 손을 저으며 말했다.

"내가 이 동네에서 삼십 년을 살았는디, 어디를 가서 살아. 쓸데없는 소리 말어."

P가 정희의 말을 받아치려는 순간, 정희의 전화기가 울렸다.

"엄마, 지금 병원이야?"

호주에 사는 큰딸, 미숙에게 걸려온 전화였다.

"아니, 그걸 어찌 알았데?"

"P 아줌마한테 방금 전화 왔었어. 엄마 그런 일이 있으면 나한테 먼저 말해야지. 왜 말을 안 해?"

"아니, 알아도 어찌한데? 호주에 있는데, 걱정만 하지. 별일 아니니께, 걱정하지 말어. 기운 차리면, 바로 집으로 들어갈 거여."

"안 돼, 엄마. 지금 미현이 보냈어. 엄마 데리러 갈 거야. 절대로 집으로 들어가지 마. 그러다, 엄마 죽어.”

“쓸데없는 소리 말어. 내가 알아서 할 테니까. 죽기는 죽는다고 호들갑이여.”

정희는 미숙의 전화를 끊고, P를 쳐다봤다. P는 뭘 그리 빤히 쳐다보냐는 말투로 정희에게 말했다.

“그래, 내가 말했어. 너라도 그랬을 거야. 고집 좀 그만 부려. 지금 미현이 온다고 했으니까, 미현이 따라 미숙이 집으로 가.”

P의 말이 끝나자마자, 미현이가 병실로 들어왔다. 호주에 있는 언니의 연락을 받고, 한 걸음에 달려온 것이다.

“엄마, 괜찮아?”

미현은 엄마가 수액을 맞는 동안, 엄마 짐을 대충 챙겨올 생각으로 엄마의 집으로 갔다.

미현이 집에 들어서자, 아빠는 눈길 한 번 주지 않

고 거실 소파에 앉아 신문을 들여다보며 말했다.

"네 엄마가 시켰냐?"

"아니에요, 아빠. 엄마가 당분간 병원에 있어야 할 것 같아서 짐 좀 챙기러 왔어요."

"엄마가 왜 아픈지 알지? 검사해봐라. 아마 몹쓸 병에 걸렸을 거야."

미현은 피가 거꾸로 솟는듯했다.

"엄마가 무슨 몹쓸 병에 걸려요? 그만 좀 하세요, 이제."

"뭐 그런 병 있잖냐. 다른 사람에게서 옮는 병, 그거 약도 없다는데…. 늙어서 추하게 그게 뭔 짓인지, 원."

미현은 손바닥으로 이마를 받쳤다. 멀쩡한 사람도 쓰러뜨릴 것처럼, 집 안의 공기가 탁했다.

"엄마 없어도 밥 잘 챙겨드시면서, 운동 꾸준히 하세요. 제가 자주 들여다볼게요."

아빠는 여전히 신문에 시선을 고정하고 말했다.

"올 것 없다. 내가 알아서 할 거야. 가서 네 엄마한테도 전해라. 이참에 갈라서자고."

미현은 혼란스러웠다. 치매라고 하기에는 아버지가
너무나 멀쩡해 보였다.

"딸들이 얼른 그 집에서 나오라고 하도 극성을 부려
서, 일단 큰 딸 집으로 나왔어요. 큰 딸이 사위랑 호주
에서 사는데, 자기 없는 동안 집에 와 있으라고 해서
요. 아따 근데, 여기 아는 사람 한 명 없고 답답해 죽
겄어요."

"할머니!"

미현의 차에서 내리는 정희를 손녀 재희가 맞이해
주었다. 호주에서 나고 자란, 재희는 대학을 졸업하고
한국에서 취업을 했다.

호주에 사는 큰딸, 미숙은 정희에게 무슨 일이 생기더라도, 재희가 챙겨줄 것이라고 믿었다.

내가 정희를 상담하게 된 시점도 그쯤이었다.

"상담을 신청하셨죠? 그래서, 연락드렸어요."

내가 말했다.

"딸이 신청한 것 같아요."

정희의 말에, 나는 당황했다.

"아, 본인이 아니라 따님이 신청하셨다고요?"

"긍께, 내가 그러지 말라고 하는데, 딸이 고집을 부려가지고 어디 안 할 수가 있어야지요."

나는 참으로 난처했다. 당사자가 동의하지 않는 상담을 진행할 수 없는 노릇이었다. 상황이 어렵겠다고 판단했다. 내 입장을 충분히 설명하고, 예의 바르게 전화를 끊을 작정이었다.

그때, 정희가 말했다.

"딸이 그러데요. 목사님이 쓸데없는 말 하시것냐고. 가만히 이야기 들어보면, 좋은 말씀 많이 해주실 거니까 일단 상담받아보라고."

나는 웃음이 터졌다.

"따님이 그러셨어요?"

"아따, 말도 마세요. 어찌나 설득을 하던지, 안 받는다고 말을 할 수가 없었다니까요."

"딸이 저에 대해 뭐라던가요?"

"아, 젊어서 고생 많이 하셨다고. 엄마 이야기 잘 들어주실 거라고 그러더라고요."

정희의 이야기를 전해 듣는 동안, 나는 본능적으로 큰딸 미숙의 의도를 읽을 수 있었다.

'저 멀리 호주에서 엄마를 걱정하는 딸이, 한 번도 본 적 없는 나에게 엄마를 부탁한 것이다.'

나는 정희와의 상담을 진행하기로 했다. 그리고, 가능하다면 이 소식을 딸에게 전해달라고 부탁했다.

###

"목사님이시죠?"

정희가 상담을 받기로 했다고 하자, 정희의 둘째 딸 미현이 전화를 걸었다.

"아, 그러시군요. 반갑습니다."

미현은 엄마에 대한 이야기를 간단히 전해줬다. 그리고, 대화 말미에 흥미로운 이야기를 했다.

"사실, 언니가 목사님에게 상담을 신청했다고 해서 놀랐어요."

"그게 무슨 뜻이죠?"

"아, 제 표현이 조금 이상했죠? 오해하지는 마세요. 사실, 저나 엄마는 교회에 다니지 않거든요. 심지어, 엄마는 젊으셨을 때 불교셨어요. 언니만 교회 다녀요."

"아, 괜찮습니다. 전혀 걱정 안 하셔도 돼요. 상담 전에, 어머니에 관한 중요한 이야기를 해주셔서, 여러모로 감사드립니다. 부족하지만, 최선을 다해 보겠습니다."

통화를 끊고, 나는 깊은 생각에 잠겼다.

어쩌면, 나는 내 생애 가장 어려운 내담자를 만난 것일지도 몰랐다.

"사람이 그렇게 멀쩡해 보이는데, 치매라고 할 수 있나요?"

정희는 여러 번 반복해서 물었다. 나로서는 확답을 줄 수 없었다. 나는 딸들의 판단을 옳게 여겼고, 상식적인 답변을 내놓았다.

정희는 내가 딸들과 같은 답변을 했음에도 불구하고, 상담자라는 이유 하나만으로 내 말을 더욱 신뢰하는 듯했다.

"그 양반이 그래서 그랬구먼요. 같이 있으면 멀쩡하다니까요. 참 신기하네요."

나는 자신의 기억을 조금씩 잃어가는 정희의 남편이, 왜 아내의 외도를 의심하는지 궁금했다.

정희와 남편이 살아온 세월 동안, 외도와 관련된 이슈가 있을 것이라고 추측했다.

정희는 내 질문이 끝나자마자, 기다렸다는 듯이 말했다.

"더러운 짓은 그 양반이 했지요. 아따 그 양반이 젊었을 때, 얼마나 내 속을 썩였는지, 말도 마요. 내가 사는 게 사는 게 아니었어요."

정희는 마음속 깊이 담아두었던 말을 꺼냈다.

정희는 시골에서 자랐다. 부모님이 논밭에서 일하는 동안, 정희는 동생들을 돌봐야 했다. 동생들을 챙기느라, 결혼할 나이도 지나버렸다.

스물일곱이 되어, 한 남자를 소개받았다. 남자는 정희보다 두 살이 많았다. 대학까지 나오고, 성실하게 산다고 마을에 소문이 자자했다.

서울에서 공무원 생활을 하는 남자는 시골에 계신 부모님을 뵈러, 명절이나 가끔 내려오는 정도였다. 다급해진 남자의 부모가 마을에서 오랫동안 지켜본 정희를 소개하고 나선 것이다.

정희는 집을 탈출하고 싶은 마음이 간절했다. 남자와 결혼한다면, 지긋지긋한 시골집을 탈출할 수 있었다.

그러나, 정희의 결혼 생활은 순탄치 않았다. 첫아이를 임신한 순간부터, 두 사람은 어긋나기 시작했다.

남편은 하루가 멀다 하고 외박을 했다. 정희가 이유를 물으면, 남편은 공무원 일이 다 그런 거라며, 대답을 회피했다.

정희가 거세게 따져 물으면, 남편은 정희를 때릴 기세로 달려들었다. 뱃속에 아이가 없었다면, 벌써 매서운 손이 날아왔을 것이다.

"초등학교 밖에 안 나온 무식한 년이, 나랑 무슨 대화를 한다고. 입 다물어 이년아."

정희는 남편을 포기했다.

###

"내가 제대로 배운 여자였으면, 그런 남편하고 살지도 않았을 거예요. 여우처럼 야무졌으면, 당장에 뛰쳐나왔을 텐데, 곰처럼 미련해서 참고 살았어요."

둘째 딸 미현이가 중학교에 들어갈 무렵, 집으로 남편을 찾는 전화가 걸려왔다. 전화를 건 사람은 남편의 내연녀였다. 공무원을 때려치우고, 사업을 시작한 남편이 회사 직원과 바람이 났다.

정희는 남편이 그동안 만나왔던 여자들을 알지 못했다. 한 가지 아는 것이 있다면, 남편이 오랫동안 한 여자를 만날 성격이 못된다는 것이다.

전화를 건 여자 역시, 잠시 만나고 헤어질 사람이라 여겼다. 정희의 예상은 빗나갔다. 남편은 그 여자와 살다시피 했다. 그의 아내는 정희가 아니라 내연녀였다.

그러나, 내연녀는 정희처럼 순진하고 착한 여자가 아니었다. 내연녀는 남편을 만나는 동안, 또 다른 남자를 만나면서 남편을 괴롭혔다.

정희는 남편이 거실에 앉아 엉엉 우는 모습을 봤다. 내연녀가 다른 남자와 여행을 떠나, 며칠 동안 남편의 전화를 받지 않은 것이다.

정희는 묘한 감정을 느꼈다.

한 편으로 내연녀에게 고마운 마음이 들었다. 그 여자가 정희 대신 남편에게 통렬하게 복수를 해줬다고 느꼈기 때문이다.

남편은 그 여자에게 집요하게 매달렸다. 이십 년의 시간이 쏜살같이 흘러버렸다. 길고 긴 세월 동안, 남편은 내연녀와 부부처럼 살았다.

"남편과 내연녀와의 관계는 어떻게 정리가 되었나요?"

나는 정희에게 물었다.

정희는 깊은 한숨을 내쉬고, 한심한 듯 말했다.

"그 여자가 남편 돈을 훔쳐서 달아났어요. 남편이 평생 모든 돈 전부는 아니었어도, 절반은 넘어요. 남편이 미친 사람처럼 그 여자를 찾아다녔는데 결국 못 찾았어요. 사람이 얼마나 한심해요. 대학 나오고 잘 배운 사람도 그리 어리석은 짓을 하데요."

남편의 기억은 정희의 것이 아니었다. 남편의 젊은 날, 내연녀에게 받았던 배신감과 집착이 아내에게 투영된 것이다.

정희가 무슨 잘못이란 말인가.

그녀는 팔십이 넘은 노인이었다. 가냘픈 몸을 의자에 기대어 가만히 앉은 정희를 바라보며, 나는 연민을 느꼈다.

"다 지난 일인데, 그 양반만 멀쩡하면, 그 동네 가서 살고 싶어요. 딸네 집은 좋고 편하기는 한데, 도대체 아는 사람이 있어야지. 내 친구 P가 보고 싶어 견딜 수가 없어요."

그녀가 말했다.

두통과 관절염으로 거동이 불편한 정희는 지하철에 몸을 실었다. 친구 P를 만나러 가는 길이 몹시 긴장되었다. 혹시라도, 동네에서 남편을 만날까 하는 두려움 때문이었다.

그러던 차에, 둘째 딸 미현에게 전화가 걸려왔다. 시골 친척 집에 장례가 나서 아버지가 급하게 시골에 내려가야 한다는 소식을 전했다.

정희는 다급하게 친구 P에게 전화를 걸었다.

"집에 바퀴 달린 큰 가방 있어? 이따가 나올 때, 그것 좀 들고 나와. 병원에서 바로 딸네 집에 갔더니, 입을 것이 하나도 없었어. 그 양반 없는 참에 짐 좀 챙겨 나올 것이여."

###

정희는 친구 P를 시켜, 집안에 남편이 없는 것을 확

인했다. 인기척이 느껴지지 않는 것을 확인한 정희는 현관문 앞에서 비밀번호를 눌렀다. 그러나, 문은 열리지 않았다.

세 차례 같은 번호를 눌렀지만, 문은 여전히 굳게 닫혀 있었다. 남편이 비밀번호를 변경한 것이다. 정희는 억장이 무너졌다. 남편이 미쳐도 단단히 미쳐버린 것 같았다.

정희의 머릿속에서 남편이 내뱉었던 독한 말들이 선명하게 스쳐 지나갔다. 남편의 기억은 비밀번호를 바꿀 만큼 또렷했던 것이다. 남편의 모든 독설이 진실처럼 다가왔다.

아버지를 모시고, 시골집에 내려가던 미현이 정희의 전화를 받았다. 문이 잠겨 있다는 말에 발끈해서 아버지에게 말했다.

"아빠, 혹시 현관문 비밀번호 바꾸셨어요?"

아버지는 주저하지 않고 말했다.

"암, 그랬지. 그 여자가 내 돈을 얼마나 노리는 줄 알아? 나 없는 틈에 금고 열어서 돈 가지고 도망가면,

나는 다 늙어서 굶어죽으라고? 그건 안되지."

미현은 깊은 한숨을 내뱉었다. 수화기 너머로 전해진, 미현의 숨소리는 정희의 귀를 후벼팠다.

"어쩌면, 사람이 그럴 수 있어요. 나는 도무지 그 양반이 이해가 안 돼요."

정희가 말했다.

정희는 하루 종일 남편의 독설에 시달렸다. 정희가 침대에 누우면 남편은 하루 종일 정희의 천장을 거닐며, 정희를 괴롭힌다. 물리적으로 남편을 떠났지만, 정서적으로 남편을 떠날 수는 없었다.

정희에게 천장은 영화 스크린이다. 지난날의 상처와 고통이 편집 없이 상영된다. 정희에게는 천장을 벗어날 기운조차 남아있지 않다. 가냘픈 몸을 침대에 파묻고, 그저 한숨만 내쉴 뿐이었다.

나는 정희에게 물었다.

"지금까지 무슨 힘으로 버텨오셨어요."

내가 질문하자, 정희는 끝내 참았던 눈물을 쏟아냈다.

"애들이지요. 애들이 잘 컸어요. 나는 무식했는데, 애들은 똑똑 허니 잘 배웠어요. 얼마나 착한지, 애들 때문에 마음고생한 적은 한 번도 없었거든요."

둘째 딸 미현이 시골 친척의 장례를 마치고, 정희를 찾아왔다. 기운 없이 침대에 누워있는 정희를 끌어안았다. 미현은 눈물을 참을 수 없었다. 정희를 아기처럼 품에 안고, 쓰다듬었다.

미현은 아이에게 옛날이야기를 전해주듯, 따뜻한 목소리로 말했다.

"엄마, 나는 있잖아. 엄마가 내 엄마여서 너무 감사해. 엄마가 없었으면, 내가 어떻게 되었을까…."

자꾸 눈물이 났다. 미현은 한 손으로는 엄마의 머리

를 받치고, 다른 한 손으로는 눈물을 닦았다.

"뭐가 고맙다는 말이여. 나 같은 엄마 만나서 고생만 했지. 엄마가 잘 배운 여자였으면, 너희들 데리고 나와서 험한 꼴 안 보여주면서 살았을 텐데, 내가 능력이 없어서 그랬지. 엄마는 못 배운 게 평생 후회여."

"아니야. 엄마 덕분에 언니랑 나랑 잘 컸잖아. 이제, 엄마만 생각해. 다른 걱정은 하지 말고…."

미현은 한참 동안 엄마를 품에 안고 토닥거렸다. 정희의 머리통을 으깨려는 듯이 달려들던 두통도 잠시 멈칫했다.

"호주에 사는 딸은 전화기만 들면 울어요. 울지 말라고 해도 소용이 없어요. 매일 엄마 생각하면서, 교회 가서 기도한다고, 그러데요."

나에게 기회가 찾아왔다. 정희의 입 밖으로, 기도라

는 말이 흘러나왔을 때, 나는 뛸 듯이 기뻤다.

나는 차분한 목소리로 물었다.

"딸이 엄마를 위해 무슨 기도를 할까요?"

"글쎄요. 뭐 그냥 아프지 않고 건강하게 해달라고 기도하지 않을까요?"

"그럴 거예요. 그 기도를 빼놓지는 않겠죠. 하지만, 딸은 거기서 멈추지 않을 거예요. 제가 목사인 거 아시죠? 딸이 무슨 기도를 하는지 알려드려도 될까요?"

정희는 내 말에 귀를 기울였다. 기도에 관한 가르침에 관심을 보인 것이 아니라, 딸이 무슨 기도를 할까 궁금했던 것이다.

"제가 따님은 아니지만, 따님의 심정을 이해할 수 있는 인생을 살아왔어요. 아마도 따님이 저를 어머니와 연결해준 이유가 아닐까 싶어요. 일단, 제가 살아온 이야기부터 짧게 전해드릴게요."

정희는 경청했다. 중간중간 눈물을 닦아내며, 내 이야기를 끝까지 들어주었다. 내가 살아온 인생을 진지하게 들어준 정희에게 고마웠다.

"아따, 젊은 양반이 고생을 많이 했네요. 생긴 건 멀쩡하구먼, 속은 많이 아팠겠어요. 어찌 그런 일을 겪고, 이런 일을 한데요."

나는 정희의 따뜻한 목소리와 눈빛에 위로를 받았다. 그 순간의 정희는 동화책에 나오는 마음씨 따뜻한 할머니였다.

"제가 딸이라면 이런 기도를 할 것 같아요."

정희는 다시 한 번 나에게 집중했다. 나는 정희를 위해 기도하는 마음으로 두 손을 가지런히 모으고 입술을 뗐다.

나는 한 번도 만난 적 없는 첫째 딸 미숙의 심정을 정희에게 전했다. 내 감정에 동요가 일어나 눈물을 쏟아지고, 정희가 함께 따라 울 때, 비로소 나는 깨달았다.

나는 정희의 딸이 아니었다. 정희가 내 어머니였다. 정작 나는 내 어머니에게 전하지 못한 진심을, 내 목소리로 정희에게 전한 것이다.

엄마, 미안해.

엄마, 고마워.

엄마, 사랑해.

감정의 홍수였다. 갑작스럽게 불어난 물살에 내 자아가 떠내려갔다. 정희를 혼자 남겨두고 점점 멀어지고 있었다. 상담자로서의 완전한 실책이었다.

그때, 정희가 내 손을 붙잡았다.

"목사님, 엄마도 알 거예요. 목사님이 직접 말로 표현하지 않아도, 엄마니까 알아요. 그러니까, 걱정하지 마세요. 그런 마음 가져줘서, 고마워요."

나는 후회했다. 정희의 나이 절반도 살지 못한 내가, 얄팍한 상담의 기술로 무엇을 하려고 했던가.

정희는 상처 입은 내담자였지만, 이 세상 그 누구보다도 위대한 어머니였다.

미숙한 상담자로 잠시 역전이가 일어나 정희를 어머니로 여긴 순간에도, 나는 후회하지 않았다.

나는 잠시 동안 따뜻한 어머니를 만났고, 정희는 가족이라는 주관적인 울타리를 넘어 객관적으로 자신이 살아온 인생의 가치를 재평가하게 되었다.

무능한 상담자에게 베풀어진 과도한 은혜였다.

정희는 내게 고맙다는 말을 남겼다. 나는 두 사람에게 고맙다는 말을 전했다. 정희, 그리고 호주에서 나를 정희와 연결해준 미숙이었다.

정희를 돌려보내고, 나는 창가로 먼 산을 바라봤다. 전화기를 손에 잡고 머뭇거렸다. 그러다, 용기를 내어 통화 버튼을 눌렀다.

"어, 엄마. 뭐해? 그냥 전화했어. 갑자기 엄마 생각이 나서⋯."

엄마도 내가 이상해?

"소희 선생님, 잠깐 나 좀 봅시다." 교무실 중앙에
책상을 놓고 앉은 교감 선생님이 말했다.

한소희는 중저음의 목소리를 듣고 얼어붙고 말았
다. 권위적인 말의 무게에 짓눌려, 움직일 수조차 없
었다.

"잠깐 이리 와보시라니까!" 더 커진 교감의 목소리에 한소희는 움찔했다.

그녀는 의자에서 일어나 천천히 교감 선생님을 향해 걸어갔다. 주위의 시선이 한곳으로 모였다. 사람들의 두 눈에서 뿜어져 나온 붉은 레이저 반점이 그녀의 온몸을 가득 매웠다. 걷다가 주춤하면, 일제히 쏴버릴 기세였다.

"아니, 말 길을 한 번에 못 알아들으시는 거야? 바로 앞에 앉은 사람을 몇 번을 불러야 대답을 해요?"

"죄송합니다…."

"내가 왜 부른지 알죠?"

"…."

"두 달 동안 교육감 온다고 학교 전체가 들썩거리면서 준비를 했잖아. 왜 한소희 선생님만 준비를 안 한 거야? 개망신을 당했잖아! 어떻게 책임질 거야!"

"죄송합니다…."

"죄송하다면, 다야? 지금 기간제라고 대충대충 하는 거야?"

"…."

"어떻게 두 달 동안 가만히 있다가, 교육감 오는 당일에 준비를 못 했다는 거야? 실험실에서 아이들이 교과서만 가지고 공부하는 게 말이 돼! 빔 프로젝터도 안되고 말이야."

한소희의 옆자리에 앉은 K 교사가 보다 못해 나섰다. K는 어색한 웃음을 지으며, 교감에게 말했다.

"교감 선생님, 사석에서 이야기하는 게 어떨까요? 사람들 다 보는데, 너무 심하시잖아요."

교감의 얼굴빛이 붉게 변했다. 헛기침을 하더니, 그제야 정신을 차린 듯 주변을 둘러보았다.

"이제 됐으니까, 자리로 돌아가 보세요. 그리고, 내년에는 다른 학교 알아보세요. 정교사처럼 일하라고 했더니, 건성건성…."

다음 수업 시간을 알리는 종소리가 교무실에 울려 퍼졌다. 선생님들은 썰물처럼 교무실을 빠져나갔다. 교감은 인파에 몸을 숨겨 도피하듯이, 책상 위에 놓인 담배와 라이터를 챙겨 밖으로 나갔다.

K 교사 역시, 한소희에게 한 마디도 건네지 못한 채, 다급하게 교무실을 빠져나갔다.

교무실은 고요했다.

한소희는 천천히 돌아섰다. 그녀의 얼굴이 창백하게 변했다.

이른 아침, 상담 일정을 확인했다. 나의 시선이 월요일 오후 7시에 머물렀다. 한소희가 첫 세션을 시작하기로 예정된 시간이었다. 그녀와의 통화를 떠올렸다. 다급했던 그녀의 목소리가 귓가에 울리는듯했다.

"저는 한소희라고 해요. 목사님이 쓰신 책을 읽고, 연락드렸어요. 지금 제 상황이 절박해서, 당장 내일이라도 상담을 받고 싶어요."

수화기 너머로 들려온 그녀의 목소리였다.

###

한소희는 서른두 살의 여성이었다. 긴 머리를 하나로 묶고, 푸른색 긴 코트를 입은 채였다. 그녀의 얼굴은 창백해 보였다.

"급하게 연락드렸는데, 시간 내주셔서 진심으로 감사드려요."

"아닙니다. 오히려, 제가 감사하지요."

한소희는 교무실에서 그녀가 겪은 사건을 말했다. 그날 이후, 그녀는 잠을 이루지 못했다. 상담실에 오기 전까지, 그녀는 이틀 밤을 꼬박 뜬 눈으로 지새웠다. 소화 기능이 정상적으로 작동하지 않았다. 이틀 동안 간단한 음식을 두 끼 밖에 먹지 못했다.

정서적인 문제도 심각했다. 부정적인 생각이 꼬리에 꼬리에 꼬리를 물고 떠올랐다. 몸살 기운과 두통, 어깨결림, 손떨림 증상까지 그녀를 괴롭혔다. 해가 뜨는 것이 두려웠다. 교감 선생님, 동료 선생님, 그리고 학생들 마저도 자신을 무시하는 것 같았다.

학교를 그만두고 싶었다. 하지만, 그럴 수 없었다.

아무리 기간제 교사라도 학교의 평가는 중요했다. 다른 지역 다른 학교에서, 기간제 교사를 지원한다고 하더라도, 무책임하게 학교를 떠난 교사에게 기회를 줄 가능성은 낮았다. 남은 두 달을 어떻게든 버텨야 한다는 것이 그녀의 결론이었다.

남은 두 달을 혼자 버틸 수 없다는 것을 알았기에, 그녀는 주저하지 않고 상담을 택한 것이다.

"마음을 열고 이야기해주신 덕분에, 소희 씨의 상황을 이해하는데 큰 도움을 받았습니다. 그럼, 이제부터 제가 궁금한 것들을 차례대로 질문해 볼게요. 지금처럼 편안하게 답변해주시면 됩니다."

교무실에서 그녀에게 일어난 사건을 자세히 알고 싶었다. 교감이 그녀를 부르기 전에, 그녀에게 무슨 일이 있었을까?

###

"소희 선생님, 교육감 참관수업 많이 긴장되지?" K

교사가 물었다.

"네, 조금이요."

"너무 긴장하지 마. 어차피 내가 다 준비해야 하는 거니까. 소희 선생님은 내가 부탁하는 것만 옆에서 도와주면 돼."

"네, 선생님."

K 교사는 책상 위 책꽂이에서 파일첩을 꺼내들었다. 그 사이에 끼어 있는 서류 한 장을 한소희에게 넘겼다.

"여기 이 목록에 있는 물품들 한 번 확인해주고, 없는 물품은 체크 좀 해줘. 이것만 확인해서, 나한테 넘겨주면 돼."

한소희는 K 교사가 넘겨주는 종이 한 장을 받아들었다. 의외로 간단한 일이었다.

"간단한데요."

"그럼, 간단하지. 내가 뭐 그렇게 어려운 일 시키겠어? 나머지는 내가 할 거야. 수업 내용 정리해서 이메일로 보내주면, PPT만 하나 만들어줘. 내가 나이가

있다 보니까, 센스가 떨어지는 것 같아. 소희 선생님
은 아직 젊잖아. 센스 있게 잘 만들어 봐."

"지난번에 보니까, 잘 만드시던데요?"

"그것도 내 딸한테 부탁한 거야. 이제 고3이라고,
내가 시중들고 있어."

두 사람은 서로 마주 보다, 풋 하고 웃음이 터졌다.

"알겠어요, 선생님. 나중에 이메일 보내주세요."

"고마워. 그럼, 부탁할게"

"제가 고맙죠. 항상 도와주시잖아요."

한소희는 점심시간에 과학실에 내려갔다. K 교사에
게 받은 물품 목록을 확인했다. 단순한 일이었다. 점
심시간마다 내려와서 물품을 확인한다면, 한 주 내로
충분히 끝날 일이었다.

일주일 후, 한소희가 평소보다 일찍 출근해 책상 앞
에서 수업을 준비하고 있었다. K 교사가 정시에 맞춰
허겁지겁 교무실에 들어왔다.

"오늘 출근길에 접촉사고가 났어. 사고 처리하느라
고 늦었네. 운전에도 나이 제한이 있어야 할 것 같아.

연세 많으신 할아버지가 뒤에서 내 차를 받았지 뭐야."

한소희는 깜짝 놀랐다.

"병원에 가보셔야 되는 거 아니에요?"

"그 정도는 아니야. 살짝 부딪혔어. 걱정해줘서 고마워."

"그래도, 병원에 가보셔야 해요. 교통사고는 사고 난 당시에는 잘 모르거든요."

"그래, 그렇게 할게."

"참, 선생님께서 지난 번에 부탁한 물품 확인 끝냈어요."

한소희는 파일첩을 펼쳐들어, K 교사에게 확인을 부탁했다.

"잘 했네. 이렇게 하면 돼. 나도 수업 내용 정리 거의 끝냈으니까, 이번 주 내로 이메일 보내줄게."

K 교사는 한소희에게 전해 받은 파일첩을 책상 위 책꽂이에 끼워 넣었다. 첫 수업을 알리는 벨이 울리자, 두 사람은 자리에서 일어나 각자의 교실로 향했

다.

다음 날, 아침 K 교사는 출근하지 않았다. 한소희는
K 교사가 걱정돼, 문자를 보냈다. K 교사는 곧바로 답
장을 보냈다.

"나 방심했나 봐. 어젯밤에 허리가 아파서 한숨도
못 잤어. 일주일 정도 입원해서, 치료받으려고."

"잘 하셨어요. 아무 걱정 마시고 일주일 푹 쉬다 오
세요."

한소희는 교육감 참관 수업이 은은하게 걱정되었
다. 혹시라도 K 교사의 퇴원이 늦어진다면, 열흘 뒤에
있을 교육감 참관 수업이 자신의 몫이 될지도 모를 일
이었다.

한소희는 교육감 참관수업 일정이 다가올수록 불안
하고 초조했다. K 교사에게 하루라도 빨리 퇴원하라
고 다그칠 수도 없는 노릇이었다. 한 주 내로 보내주
겠다던, 이메일은 깜깜무소식이었다.

그녀는 불안한 마음에 새벽 예배를 나가기 시작했
다. K 교사가 하루라도 빨리 퇴원하게 해달라고 기도

했다. 아니면, 이메일이라도 하루빨리 받아보기 원했다. K 교사가 이메일을 보낸다는 것은, K 교사가 직접 수업하겠다는 의사 표현이었다.

한소희의 기대와는 달리, K 교사는 일주일 내내 연락을 하지 않았다. 교육감 참관 수업이 3일 앞으로 다가온 시점이었다. 한소희는 K의 문병을 갔다. 만나서 직접 확인할 생각이었다.

한소희는 K가 입원한 병실에 들어가, 인사치레의 안부를 묻고 나서, 참관 수업에 대한 이야기를 꺼냈다.

"선생님, 혹시 참관 수업은 예정대로 진행하실 수 있으신 거죠?"

"그래야지. 내일이나 모레 퇴원할 생각이야."

한소희는 안도의 한숨을 내쉬었다.

"소희 선생님, 많이 걱정했구나. 뭘 그런 걸 걱정해? 그거 확인하려고 병원까지 온 거야?"

한소희는 움찔했다.

"그런 거 아니에요."

K가 피식 웃었다.

"뭘 그런 게 아니야. 솔직히 말해도 돼."

K의 말에, 한소희 역시 긴장이 풀렸다.

"솔직히 조금 걱정됐어요. 혹시라도, 내가 수업을 맡게 되면 어떻게 하지…. 평소에 안 나가던, 새벽 예배까지 나갔다니까요."

"걱정도 팔자다, 소희 선생님."

K는 한소희의 한쪽 어깨를 툭 치며 말했다.

"제가 소심한 성격이라니까요."

한소희는 어색하게 웃었다.

일단 안심이었다. 가벼운 마음으로, 주말을 보내면 될 일이었다. '월요일이 되면 K 교사가 퇴원을 할 것이다. 그러면, 모든 것이 순조롭게 진행될 것이다.'

그러나, K 교사는 퇴원하지 않았다. 한소희는 아무런 준비도 없이 참관 수업을 맞이했다. 과학실의 보조 교사 역할을 맡았던, 한소희가 교육감이 참관하는 수업에서 홀로 서서 수업을 진행해야 했던 것이다.

결과는 최악이었다.

모든 책임을 한소희가 짊어져야 했다. K 교시는 참관 수업 일정이 끝나자마자 기다렸다는 듯이 퇴원을 했다. 당일 오후가 돼서야, 학교에 들른 것이다.

상식적으로 보면, K 교사가 비난받아야 하겠지만 아무도 나서서 한소희를 두둔해주는 교사는 없었다. 전후 맥락을 모르는 다른 교사들은 아마도 K 교사의 부득이한 사정으로, 한소희가 책임지고 수업을 진행해줄 것이라 예상했을 것이다.

교감 선생님의 혹독한 비난이 쏟아져 내릴 때, 한소희를 감싸준 K 교사였다. K 교사의 행동을 지켜본 다른 교사들은 지레짐작 판단했을 것이다. 신입 기간제 교사의 명백한 실수라고.

"그날 사건에 대해, K 교사와 따로 이야기해보셨나요?" 내가 물었다.

"네, 아주 짧게 대화를 나눴어요."

"K 교사가 뭐라고 하던가요?"

"미안하다고 했어요. 몸이 계속 아파서, 도저히 퇴원할 수가 없었다고 했죠. 상황이 이렇게 될지 몰랐다면서, 이해해달라고 하더라고요."

"자매님의 반응은요?"

"그래도 너무하신 거 아니냐고 물었어요. 그 말을 할 때는 저도 흥분한 상태라 예민한 말투였어요."

"K 교사 자기 잘못을 인정하던가요?"

"아니요. 제가 공격적으로 말하니까, K 선생님도 당황하셨나 봐요. 갑자기 태도를 바꾸시더라고요."

"어떻게요?"

"그날 소희 선생님이 문자로 "아무 걱정 하지 말고 푹 쉬라고" 말하지 않았냐고. 그래서, 아무 걱정 없이 쉬다 왔는데 이제 와서 그런 말을 하면 어떻게 하냐고. 오히려 저한테 따지시더라고요. 거기서 제가 할 말을 잃었어요. 대화가 중단됐죠."

"더 하고 싶은 이야기가 없으셨어요?"

"아니요. 머리가 멍해지면서, 아무것도 생각나지 않

았어요."

"조금 더 자세히 설명해주실 수 있으시겠어요? 어떤 심정이었는지?"

"솔직히 말씀드리면, 두려웠던 것 같아요. 이미 지나간 일이고, 상황은 바꿀 수 없잖아요. 나는 기간제 교사이고, 그분은 정교사이고요. 사람들을 일일이 찾아다니면서, 내 잘못 아니라고 말할 자신까지는 없었어요."

"무엇에 대한 두려움일까요?"

"…."

한소희는 말을 잇지 못했다. 그녀의 눈시울이 붉어지더니, 두 눈에 눈물이 고이기 시작했다. 그녀는 티슈로 눈물을 닦아내며, 감정을 애써 진정시키고자 했다.

나는 침착하게 기다렸다. 그녀가 천천히 생각하기를 바랐고, 마음속 깊은 곳에 숨겨둔 진실을 말하기 원했다.

"사람들이 저를 이상한 사람이라고 생각할까 봐 두

려웠어요. 제가 조금 더 강하게 말했다면, K 선생님 뿐만 아니라, 주변 모든 선생님들이 저를 이상하게 봤을 거예요. 그런 상황을 감당할 힘이 저한테 없거든요. 저는 그냥 사람들의 눈에 띄고 싶지 않아요. 조용히 지내고 싶거든요."

그녀가 진실을 말했다. 그녀의 마음속에 숨겨진 비밀의 문이 비스듬히 열렸다.

"사람들이 이상하게 생각할까 두렵다는 말이 무슨 뜻이죠?"

"제가 살짝 이상하지 않나요? 말투도 어눌하고, 걷는 모습도 조금 이상하고. 목사님은 제가 상담실을 들어올 때, 제가 이상하다는 생각을 하지 못하셨나요?"

그 순간이었다. 비디오테이프가 빠른 속도로 뒤로 감기듯이, 한소희가 상담실에 처음 들어오는 장면이 머릿속에서 재생되었다.

한소희는 미세하게 절뚝거렸다. 상담실 입구와 상담실 내부까지의 거리는 짧았다. 내담자를 안내해야 하는 상황에서, 나는 한소희보다 한 걸음 앞서 걸어야 했다. 한소희가 걷는 것을 볼 수 있었던 유일한 기회는 상담실에 들어선 그녀가 의자에 앉기까지였다. 굳이 걸음걸이를 세어본다면, 세네 발자국이었다.

한소희의 말투 역시 느리고 차분했다. 가끔 복잡한 단어를 말할 때, 발음이 정확하지 않았지만 그것은 상담과 관련해서 중요한 정보가 아니었다. 오히려, 그녀의 발음이 정확하지 않다는 것에 예민한 반응을 보인다면, 상담이 효과적으로 이루어지지 않았을 것이다.

그러나, 한소희가 자신의 말투와 걸음걸이를 상담실 테이블에 올려놓는 순간, 그녀의 말투와 걸음걸이는 반드시 언급하고 넘어갈 중요한 의제가 됐다. 열리다 멈춰버린, 비밀의 문을 그녀가 활짝 열어젖힌 것이다.

한소희가 9살이었던, 3월의 주말이었다. 그녀의 가족은 가까운 놀이공원에 갈 예정이었다. 마음이 들뜬 한소희는 부모가 준비하는 동안, 집 안에 머무를 수 없었다.

"엄마, 나 먼저 나가서 기다릴게."

"안돼, 같이 나가. 조금만 기다려."

"나 잠깐 슈퍼에서 살 거 있단 말이야."

"안 된다고. 어차피 우리도 슈퍼 잠깐 갈 거야. 같이 나가."

"싫어. 나 혼자 갔다 올 거야."

한소희가 신발을 신고, 현관 밖으로 나가는 동안 엄마는 거울 앞에서 화장을 하고 있었다. 두 손가락에 로션을 잔뜩 묻혀 얼굴에 바르면서, 현관 밖을 나가는 한소희에게 소리쳤다.

"차 조심해야 돼! 앞에 잘 보고 다녀."

화장실에서 씻고 나오던, 그녀의 아빠가 아내에게 말했다.

"아니, 혼자 나가게 내버려 뒀어?"

"몰라, 혼자 간 데. 바로 집 앞인데, 뭐."

"걱정인데…."

"그렇게 걱정되면, 당신이 나가봐. 당신은 옷만 입으면 되잖아."

그녀의 아버지는 이상하게 불안했다. 옷을 주섬주섬 챙겨 입고, 딸을 따라나섰다.

한소희가 좁은 골목길을 따라 걸을 때, 멀리서 사이렌 소리가 들렸다. 한소희는 까치발을 하고, 집집 사이에 좁은 골목 틈새로 연기가 나는 곳을 찾았다. 그녀의 눈에 펼쳐진 것은 봄날의 맑은 하늘뿐이었다. 연기가 나는 곳은 없었다.

한소희는 손바닥으로 담장을 짚어가며, 골목을 따라 걸었다. 그녀가 코너를 돌아, 슈퍼 앞 사거리에 들어섰을 때, 예상치 못한 일이 벌어졌다. 하얀색 승합차가 그녀를 들이박은 것이다. 그녀의 몸이 공중에 떴다가, 바닥으로 내동댕이 쳐졌다.

응급환자를 싣고 가던 구급차가 좁은 골목길을 과도한 속도로 달리다, 한소희를 치어 버린 것이다. 구급 대원이 부리나케 차에서 내려, 한소희를 살폈다.

그녀의 머리에서 피가 흘러나왔다. 무릎은 반대쪽

으로 꺾여 있었다. 그녀가 얼마나 중대한 상황인지 가늠할 수 없었다. 구급 대원은 한소희를 구급차에 태우고, 병원으로 이송했다.

멀리서 요란하게 울려 퍼지는 사이렌 소리에, 한소희의 아버지는 불안감을 느꼈다. 그의 발걸음이 빨라졌다. 그가 사고 현장에 도착했을 때, 슈퍼의 사장이 덜덜 떨리는 손짓으로 상황을 설명했다. 한소희의 아버지는 그 자리에 털썩 주저앉았다. 시멘트 바닥에 흥건한 피를 보고, 잠시 기절했다.

"머리를 심하게 다쳐서 큰 수술을 여러 번 받았어요. 일 년 내내 병원에 살다시피 했죠. 어렸지만, 정말 힘들었던 것 같아요. 이마부터 뒤통수를 가로지르는 수술 자국이 생겼거든요. 지금은 머리카락으로 가릴 수 있는데, 당시에는 수술한 지 얼마 되지 않아, 머리카락이 없었어요.

부모님이 조금만 신중하셨더라면, 머리카락이 자란 다음에 학교에 보내셨을 텐데, 저희 부모님은 그러지 않으셨어요. 출석 일수를 채우지 못하면 큰일 나는 줄 아셨나 봐요. 머리에 수술 자국이 선명한데, 바로 학교에 갔어요."

나는 충격을 받았다. 그녀가 긴 머리를 하나로 묶은 이유, 그녀의 얼굴이 유독 하얗고 창백한 이유를 그제서야 알게 된 것이다. 무릎까지 내려오는 파란 코트 역시, 그녀의 걸음걸이를 조금이라도 숨겨볼 의도였던 것이다.

9살의 교통사고 이후, 한소희가 받은 고통을 짐작할 수조차 없었다. 목이 메었다. 내가 입술을 떼서 그녀에게 말을 건네려고 하는 순간, 눈물이 터져버렸다. 한소희도 함께 울었다.

"그날 차라리 죽었어야 했나 봐요. 살아가는 게 너무 힘들어요, 목사님…."

###

"괴물이래요, 괴물이래요."

한소희의 같은 반 남학생들이 떼를 지어 노래를 불렀다. 그녀는 친구들이 두려웠다. 쉬는 시간마다 화장실에 숨어들었다. 변기에 앉아 다음 수업을 알리는 벨이 울리기만을 기다렸다.

"엄마, 나 학교 가기 싫어."

한소희는 엄마에게 참아왔던 말을 내뱉었다.

"친구들이 나를 이상하게 본단 말이야."

엄마는 딸의 이야기를 한참 동안 들어주었다. 한소희가 말을 마치자, 엄마는 딸을 끌어안고 하염없이 울었다.

"엄마도 내가 이상한 것 같아?" 엄마 품에 안겨 있던, 한소희가 물었다.

"아니, 엄마는 그렇게 생각 안 하는데. 소희가 아파서 그런 거야. 다 나으면 괜찮아져. 조금만 참아, 소희야."

한소희는 엄마의 위로에 힘을 얻었다. 학교 친구들

을 상대하는 것이 불편하고 힘들었지만, 견디고 견뎠다. 해가 바뀌고, 학년이 바뀌고, 친구들도 바뀌었다. 그녀의 머리카락 속에 감춰진 흉터를 기억하는 사람도 하나 둘 사라졌다.

###

더운 여름날의 체육시간이었다. 체육 선생님은 내리쬐는 햇볕을 피하고자, 학교 공터 그늘로 아이들을 이끌었다. 한소희도 줄을 맞추어 걸었다. 그때였다. 한소희는 갑자기 몸의 균형을 잃고 맥없이 넘어졌다. 일어나려고 해도, 몸이 뜻대로 움직이지 않았다.

"소희야, 괜찮니?"

한소희는 대답하지 못했다. 혀가 굳어버린 것 같았다. 온몸의 근육에 경련이 일어났다. 반 아이들은 울음을 터뜨렸다. 선생님은 다급하게 한소희를 들쳐 업고, 양호실로 뛰었다.

학교 운동장에 구급차가 도착했다. 한소희는 전교

생이 보는 앞에서, 구급차로 옮겨졌다. 체육 선생님이 구급차에 함께 올랐다. 의사에게 상황을 설명할 의도였다.

한소희는 그날 이후 미세하게 다리를 절게 되었다. 뇌 수술의 후유증이었다.

한소희는 몸에 일어난 변화를 감지했다. 두려움이 그녀를 집어삼켰다. 학교에도 갈 수 없었다. 친구들에게 괴롭힘을 당했던 끔찍한 기억이 고스란히 되살아났다. 그녀의 엄마가 딸을 위로했다. 마음을 추스를 수 있도록 옆에서 도운 것이다.

"소희야, 괜찮아. 의사 선생님이 약만 제때 잘 먹으면, 두 번 다시 그런 일 없을 거라고 했어."

"거짓말이잖아. 엄마는 맨날 나 걱정할까 봐 일부러 거짓말하잖아." 한소희가 울면서 말했다.

"아니야. 소희야. 엄마 거짓말하는 거 아니야. 오늘 병원에 같이 가서, 의사 선생님이 하시는 말씀 들어보면 되잖아. 엄마가 왜 거짓말을 하겠어."

엄마는 속상한 마음을 감출 수 없었다. 남편과 함

께, 딸을 챙겨 집을 나섰다. 셋이 나란히 걷다가, 엄마가 지갑을 두고 나왔다며, 다시 집 안으로 들어갔다.

한소희는 무심결에 앞서 걸었고, 그녀의 아버지는 길가에 멈춰 엄마를 기다렸다. 지갑을 챙겨 나온 엄마가 빠른 걸음으로 아빠에게 다가왔다. 한소희는 부모님보다 열 걸음 앞서 걸었다.

아빠가 짜증스럽게 말했다.

"정신을 어디다 두고 다니는 거야?"

"몰라. 요즘 내 정신이 아니야."

"그나저나 갑자기 병원은 왜 가는 거야?"

아빠가 그렇게 말하자, 엄마는 아빠의 팔을 세게 꼬집으면서 조용히 하라는 신호를 보냈다. 엄마가 작은 목소리로 아빠에게 말했다.

"저거 안 보여? 소희가 지금 다리를 절잖아. 당신은 그것도 몰랐어?"

"뭐가? 난 모르겠는데." 아빠가 나지막한 목소리로 말했다.

"자세히 좀 봐. 이상하잖아. 어떻게 아빠가 그것도

몰라."

한소희는 충격에 빠졌다. 부모가 작은 목소리로 속삭속삭 말한 모든 대화를 듣고 만 것이다. 한소희는 울음을 터뜨렸다. 뒤돌아서서 부모를 가로질러 집으로 들어갔다. 방문을 걸어 잠그고, 침대에 엎드려 하염없이 울었다.

그녀를 따라, 집으로 들어온 부모님은 어찌할 바를 몰랐다. 엄마가 문을 두드리며, 울먹거리는 목소리로 말했다.

"걱정돼서 그랬어, 소희야. 엄마 착각일 수도 있잖아. 괜히 너 걱정할까 봐 말 못 했어. 미안해, 소희야. 문 좀 열어봐."

"엄마를 이해할 수 있어요. 제가 걱정할까 봐 그러셨겠죠. 엄마 한 사람이라도 괜찮다고 말해주시지 않았다면, 제가 견딜 수 없었을 거예요. 하지만, 아쉬워요. 제 상태를 부정하거나 숨기지 말고, 솔직하게 말해주셨으면 어땠을까? 혼자 생각해보거든요. 어차피, 다 지난 일이지만요."

한소희가 들려준 이야기를 마음속으로 되새겨보았다. 한소희는 스스로를 "이상한 사람"으로 정의 내렸다. 자신이 "이상한 사람"이라는 것을 다른 사람에게 들키고 싶지 않았다.

아마도 교무실에서 일어난 사건은 어린 시절 부모님과 함께 걸었던 골목길로 그녀를 소환했을 것이다. 어린 시절 끔찍한 교통사고를 극복하고 살아돌아온 한소희를 세상은 반겨주지 않았다. 살아남기 위한 몸부림마저도 비웃음거리가 되었던 어린 시절이 그녀가 살아갈 세상을 두렵게 만든 것이다.

그것은 아이러니였다. 이상한 사람은 한소희가 아니라, K 교사이며 교감이었다.

사소한 접촉사고를 핑계로, 자신의 업무적 과실을 한소희에게 떠넘긴 K교사는 이상한 사람이다. 한소희가 K를 대신해, 교감 선생님에게 인격적인 모독을

당할 때, 좋은 사람인 척 한 K 교사는 위선적인 사람이다.

교감은 자초지종을 들어보지도 않은 채, 한소희를 인격적으로 모독했다. 정교사와 기간제 교사를 운운하며, 사람을 자기 방식으로 평가하는 태도 역시 옳지 않다. 그는 여러 면에서 이상한 사람이다.

한소희는 이상한 사람들에게 둘러싸여 정작 자신이 온전한 사람이라는 것을 알지 못했다. 몸이 불편한 한소희를 은은하게 무시했던 사람들은, 그녀가 어린 시절에 "괴물"이라고 놀리며 비웃던 사람들과 무엇이 다를 것인가.

괴물의 사전적 의미는 괴상하게 생긴 물체다. 교무실에서 그녀에게 쏠린 다수의 시선은, 그녀를 괴상하게 여겼다. 어린 시절 교실에서, 사리분별하지 못했던 악동들에게 받았던 고통이 십수 년 뒤에 고스란히 되살아난 것이다. 그때나 지금이나, 그들은 진실을 알지 못했다.

한소희는 죽음을 이긴 진정한 승리자였다.

###

"참 이상하네요. 정말 이상한 사람이에요." 내가 말했다.

한소희는 가만히 고개를 떨구었다. 자신에게 하는 말이라고 생각했던 것이다. 내가 예상했던 반응이었다.

"K 교사 말이에요. 상식 이하의 사람이군요. 어떻게 그런 식으로 행동할 수가 있죠? 교감도 마찬가지예요. 그런 사람 꼭 있죠. 권위적이고 자기밖에 모르는 사람이요. 제가 볼 때, 두 사람 모두 이상한 사람들이에요."

한소희는 두 눈을 동그랗게 떴다.

"만약에 소희 씨가 나를 믿을 만한 사람이라고 생각해준다면, 나는 이 상황을 간단히 정리하고 싶어요. '이상한 사람들은 정작 자신이 이상하다는 것을 모른다. 정작 멀쩡한 사람이 상담을 받으러 왔다.' 제가 전해드린 말에 대해 어떻게 생각하세요?"

한소희는 머뭇거렸다. 그러다, 나지막한 목소리로 말했다.

"제가 내담자라서 그런 말을 해주시는 게 아닌가 생각하고 있어요. 제가 너무 제 입장에서만 말했나 봐요. 그분들 이야기를 들어보시면, 생각이 달라지실 거예요. 그분들께 괜히 죄송하네요."

나는 손을 저으며 말했다.

"나도 나름 상식적인 사람이에요. 한 사람 말만 듣고 쪼르르 달려가 그 사람 편을 들 정도로 어리석지 않아요. 소희 씨가 의도한 건 아니지만, 소희 씨는 나를 설득하고 있어요. 내 생각을 바꾸고 싶어 해요. '내가 이상한 사람이에요. 나를 이상한 사람으로 생각해주세요.' 진실은 그게 아니죠. 이상한 사람들은 그 사람들이에요."

한소희의 볼이 붉게 달아올랐다. 금방이라도 울음을 터뜨릴 것 같았다.

"소희 씨, 속지 마세요. 당신은 정상이에요. 그 사람

들이 이상한 사람이라고요. 세상에는 의외로 이상한
사람들이 많아요."

한소희는 감정이 격해져, 큰소리로 울음을 터뜨렸
다.

###

한소희와 여섯 번의 상담을 지속했다. 그 과정에서
한소희가 과거의 상처를 치유하고, 현재의 대인관계
에서 적절히 상호작용하는 방식을 제시하고 연습했
다.

관계에서 갈등이 일어날 때, 방아쇠처럼 당겨지는
"나는 이상한 사람이야."라는 파괴적인 생각은 적어
도 완화되거나 지연되었다. 그러나, 언제든 반복될 수
있었다. 그에 따른 후속 조치로 긴급 상담을 이어갈
수 있다고 말해주었다.

한소희를 배웅하고 돌아와, 상담 일지에 간단한 메
모를 남겼다.

언제나 한소희가 옳으냐고? 물론, 아니다. 상대방 잘못이라고 결론을 내리면 뭐가 달라지냐고? 모르는 소리다. 그녀는 지금까지 단 한 번도 다른 사람을 비난하지 않았다. 정당하지 못한 비난마저도 스스로의 것으로 만들어버렸다.

관계의 문제는 언제나 상대방이 존재한다. 한 사람이 일방적으로 잘못하지 않는다. 갈등은 상호 책임이다.

한소희는 상대방의 책임을 빼앗아버렸다. 모든 것을 그녀의 잘못으로 여긴 것이다. 극단은 좋지 않다. 그녀는 다른 사람의 잘못을 객관적으로 따져볼 기회를 가져야만 했다. 그것은 곧, 그녀가 자신의 생각과 감정을 다른 사람에게 표현한다는 뜻이었다.

나는 자리에서 일어나, 창밖을 바라보았다. 한소희가 건물 밖을 걸어나고 있었다. 절뚝거리는 그녀를 바라보며, 나는 울컥 눈물을 흘렸다. 동정심은 아니었다. 굳이 표현하자면, 그것은 경외심이었다.

그녀는 생존자이며, 위대한 승리자였다.

차가운 목도리

연수는 멈칫했다.

신중하게 내 표정을 살폈다. 나의 반응이 궁금한 것 같았다. 물 밖에서 물속의 깊이를 알 수 없듯, 연수는 내 속을 들여다보지 못했다. 나는 온화한 표정으로 기다렸다.

잠시 침묵하던 그녀가 말했다.

"고등학교 3학년 때였어요. 학원 기사 아저씨가 있었거든요. 그 아저씨에게 순결을 잃었어요."

내가 멈칫하는 순간, 연수는 마치 내가 질문이라도 했다는 듯이 말했다.

"왜 신고하지 않았냐고요? 그때 당시에는 사랑받고 있다고 생각했어요. 아주 잠시 동안이지만, 사랑받고 있다고 느꼈거든요."

학원 운행노선 끝자락에 연수의 집이 있었다. 학원차는 마지막으로 그녀의 집 앞에 머물렀다. 학원차가 집 앞에 도착했을 때, 집 안의 모든 불은 이미 꺼진 후였다. 그녀가 오기 전에 모두가 잠든 것이다.

연수는 집으로 돌아오는 차 안에서 기사 아저씨와 대화를 나눴다. 학교에서도, 집에서도 아무도 그녀의 이야기를 들어주지 않은 덕분에, 아저씨는 그녀의 대화 상대가 될 수 있었다. 대화는 점점 깊어졌다. 연수는 학원 아저씨와 단둘이 집에 가는 시간이 기다려졌다.

아저씨는 연수의 생일을 기억했다. 텅 빈 차 안에서 그녀에게 생일 선물을 건넸다. 목도리였다. 아저씨는 연수에게 목도리를 둘러주고, 볼에 가벼운 입맞춤을 했다. 그리고, 연수를 끌어안았다.

한 시간이나 늦게 학원차가 집 앞에 도착했다. 아무도 깨어있지 않았다. 집에 도착한 연수를 맞이한 것은, 환하게 빛나는 생일 케이크이 아니었다. 적막한 어둠뿐이었다. 생일 저녁도 평소와 다르지 않았다. 연수의 순결을 목도리와 맞바꿨다는 사실을 가족 그 누구도 알지 못했다.

다음날 아침, 연수는 엄마에게 학원을 옮겨달라고 말했다. 엄마는 딸이 한심하다는 듯 말했다.

"지금 학원을 옮겨달라고?"

연수는 엄마의 말 한마디에 감정이 상했다. "됐으니까, 알아서 하겠다"라고 말했다.

연수는 더 이상 학원에 가지 않았다. 학교에서 가까운 독서실에 다녔다. 날씨가 갑자기 추워졌다. 그녀는 목도리를 두르는 것을 잊지 않았다. 목도리로 목을 감싸자 온기가 느껴졌다.

연수는 목도리를 버리지 않았다. 나는 그 이유가 궁금했다. 10년이 지났지만, 연수는 그때의 사건과 감정을 또렷하게 기억하고 있었다.

"그날 밤 제가 엄청난 실수를 했다는 걸 알게 됐어요. 되돌릴 수 없어 슬펐고요. 집에 와서 침대에 누워 많이 울었어요. 내가 이런 일을 당했다는 사실에 슬펐고, 그런 일을 당했는데 싫지만은 않았다는 것이 슬펐어요. 저는 많이 외로웠거든요."

기사 아저씨를 다시 만나는 것이 두려웠다. 학원을 끊은 이유였다. 그러나, 사랑받은 기억은 소중했다. 아저씨의 따뜻한 표정, 친절한 말투가 그리웠다.

목도리를 두를 때마다, 그녀는 마음이 따뜻해졌다. 연수는 끔찍한 기억을 뒤로하고, 좋은 기억만을 간직했던 것이다.

그녀는 10년이나 지나버린 일을 들춰내기 위해, 나를 찾아온 것일까?

아니었다.

연수는 엄연히 현실의 문제로 고통받았다. 연수의 남자가 떠났다. 어떻게든 다시 만나고 싶은 것이 그녀의 바람이다.

3개월이 지났지만, 연락이 닿지 않았다. 전화는 물론이고 문자 역시 무시당했다. 그럴수록 그녀는 고통받았다.

정상적인 삶을 살 수 없다고 말하는 그녀의 표정과 말투에서 그녀의 상실감이 전해졌다. 그녀의 교제 기간은 6개월에 불과했다.

4살 연상의 남자, 제준을 크리스천 데이팅 앱으로 만났다. 눈에 띄는 외모였다. 크리스천으로 진지하게 살아가려는 그에게 끌렸다. 지금까지 만나왔던 남자들과는 '뭔가 다르겠지'라는 기대감 때문이었다. 지금까지 그녀가 만나온 남자들 중에 크리스천은 없었다.

그동안 연수는 자신을 좋아해 주는 남자들과 사귀었다. "좋아한다, 사귀자"라는 말을 들으면 마음이 설레었다. "내가 좋아하는 남자보다, 나를 사랑해주는 남자와 사귀자." 그녀의 기본적인 생각이었다.

제준은 신중한 남자였다. 사귀자는 말을 입 밖에 내지 않았다.

"우리 한 번 사귀어보면 어떨까요?"

연수가 먼저 물었다.

그녀가 먼저 남자에게 사귀자고 말한 것이 처음이었다.

그가 대답했다.

"생각할 시간을 주세요. 제가 헤어진 지 얼마 안 되었어요. 연수 씨를 정말로 좋아하는 건지, 외로움을 달래려고 하는 건지 잘 모르겠어요. 연수 씨를 좋아한다는 확신이 들면, 제가 먼저 말할게요."

그것으로 충분했다. 연수에게 제준은 사려 깊은 남자였다. 그날 이후 연수는 새벽예배를 다니면서, 제준과의 만남을 위해 기도했다. 그를 좋아하는 감정만큼 그녀의 기도 역시 간절했다.

크리스마스 이브, 제준은 연수와 함께 했다. 그가 사귀자고 말했을 때, 연수는 눈물을 흘렸다. 외로움으로 고통받았던 아픔을 한꺼번에 보상받는 듯했다.

두 사람은 그날 밤 함께 했다. 연수는 죄책감을 느꼈지만, 곧 결혼할 사이라고 말하며 스스로를 위로했다.

연수에게 제준은 완벽한 남자였다. 하루하루가 행복할 뿐이었다. 자신 안의 상처를 온전히 이해줄 사람이라고 믿었기에, 언젠가는 진실을 말해도 괜찮을 것이라 믿었다.

"나 사실 오빠에게 말 못 할 비밀이 있어. 오빠가 감당할 수 있을지는 모르겠지만, 속이고 결혼하고 싶지는 않아."

연수는 목도리에 대해 말했다. 제준의 반응은 태연했다. 그는 "괜찮다"라고 말했다. 연수는 홀가분했다. 제준은 몇 마디 말로, 연수를 위로했다. 평소처럼, 둘은 함께 식사하고 커피를 마셨다. 단 하나의 절차만이 생략되었다. 그날 밤, 제준은 연수를 안아주지 않았다.

그날 이후 일주일 동안, 연락이 되지 않던 제준이 연수에게 전화를 걸었다. 감정을 읽을 수 없는 목소리로 말했다.

"오늘 시간 되면, 잠깐 만나서 이야기 좀 하자. 하고 싶은 말이 있어."

연수는 제준의 무뚝뚝한 목소리에 당황했다. 손이 떨리고 가슴이 답답해 더 이상 일을 할 수가 없었다. 병원에 가봐야겠다고 말하고 일찍 회사를 나왔다.

그녀가 찾은 곳은 병원이 아니라, 그를 만나기로 한 카페 근처 공원이었다. 숨을 쉴 수 없었을 정도로, 가슴이 답답했던 그녀는 하염없이 산책로를 걸었다.

"나 도착했어. 어디야?"

카페에 먼저 도착한 제준이 전화를 걸 때까지, 연수은 시간이 가는 줄도 모르고 공원을 누볐다. 땀으로 화장이 망가져 버렸다. 공원 화장실에서 얼굴을 대충 고치고, 제준의 앞에 앉았다.

그녀가 자리에 앉기가 무섭게, 제준이 말했다.

"나 오래 생각해봤는데, 우리 그만 만나는 게 좋을 것 같아. 내가 일방적으로 관계를 끊으면, 네가 오해할까 싶어 만나서 직접 설명하고 싶었어.

목도리 사건, 나는 이해할 수 있을 것 같아. 그것 때문에 헤어지는 건 아니야. 오해하지는 않았으면 좋겠어.

너를 만나는 동안, 계속 생각해봤는데 내가 아직 이별에 대한 상처가 있는 것 같아. 너를 정말로 사랑한 건지, 아니면 내가 외로워서 너를 만난 건지 판단이 안 서거든.

사랑해서 사귄 거라고 믿었는데, 점점 이건 아닌 것 같다고 생각했어. 더 늦기 전에, 솔직히 말하는 게 좋을 것 같아. 정말 미안해."

연수는 침묵했다. 연수의 침묵이 불안했는지, 제준은 작은 목소리로 물었다.

"나한테 하고 싶은 말 없어?"

"연락은 계속해도 되는 거지?"

"그건 너 편할 대로 해. 그게 전부야?"

제준은 당황한 듯 말했다.

"응, 그게 전부야."

그러나, 제준은 연수의 연락을 받지 않았다.

"아마 제가 왜 그렇게 말했는지 궁금하실 거예요. 저는 솔직히 이별을 받아들이고 싶지 않았어요. 연락이라도 받아주면, 언젠가 기회가 다시 있지 않을까 생각했거든요."

연수는 제준의 말을 그대로 믿는 것 같았다. 연수에게 제준은 이상적인 남자로 왜곡되어 있다. 그러나, 상식적인 관점에서 제준은 이상적인 남자가 아니라 이상한 남자다.

제준이라는 남자는 어디에나 존재한다. 자기 외로움을 달래려 연수을 선택했고, 그녀가 자기 기준에 맞지 않자 자기 외로움을 핑계로 그녀를 버린 것이다.

처음부터 그에게는 연수을 진지하게 만나려는 의도가 없었을지 모른다. 제준은 본능적으로 연수가 취약하다는 것을 알았을 것이다. 사귀자고 말한 첫날 그는 연수를 안았다. 사귀는 것과 자는 것, 어쩌면 그에게 같은 의미였을지도 모른다.

목도리 사건을 이해할 수 있다는 말도 거짓처럼 보였다. 연수가 비밀을 털어놓은 그날 밤, 그는 연수를 안아주지 않았다. 심경에 변화가 일어난 것이다. 연수의 비밀을 알게 된 순간, 그가 마음을 닫지 않았을까?

그의 말과 행동에서 진심이 느껴지지 않는다. 나는 묻지 않을 수 없었다. 제준이 무슨 자격으로 그녀의 상처를 이해하고 말고를 결정할 것인가? 그는 진실을 말하지 않고 떠났다. 연수는 상처의 늪에 빠져버렸다. 취약한 그녀가 더욱 취약해진 것이다.

나는 제준에게 한 마디 말도 건넬 수 없다. 그러므로, 나는 그녀로부터 시작해야 한다. 과거로 돌아가자. 그녀는 누구인가. 그녀는 어떤 인생을 살았는가. 무엇이 그녀를 취약하게 만든 것인가. 목도리 이전의 사건들을 알아야만 한다.

"이 미친년은 왜 여기 서 있어. 걸리 적 거리게."

할머니는 분을 못 참고, 어린 연수의 뺨을 후려쳤

다.

"왜 애한테 화풀이를 하세요!"

그녀의 엄마가 할머니에게 달려들었다. 두 사람은 격한 몸싸움을 했다.

연수의 나이 여섯 살, 잊을 수 없는 기억이라고 말했다.

그녀의 가족은 친할머니 댁에서 더부살이를 했다. 아버지의 사업이 어려워져서 어쩔 수 없이 내린 결정이었다. 그녀의 아버지는 자기 가족을 어머니에게 맡겨놓고 밤늦도록 일에 매달렸다. 고부 갈등 따위는 신경 쓸 겨를이 없었다.

아버지가 밤늦도록 일에 매달리는 사이, 집안은 아수라장이었다. 할머니는 아들에 대한 분풀이를 며느리에게 쏟아부었다. 엄마는 질세라 할머니에게 덤벼들었다. 엄마의 잘못이라면, 무능한 남자와 결혼한 것뿐이었다.

그녀의 엄마와 할머니가 격하게 다투는 날이면, 살림살이가 허공을 날아다녔다. 어린 그녀는 방구석에

움츠러들어, 소리도 지르지 못하고 울었다. 한바탕 소
동이 나면, 어린 그녀는 엄마에게 다가가 엄마 무릎에
앉았다.

딸을 안아줄 여유가 없었던 엄마는 연수을 땅에 내
려놓고, 뒤돌아 앉았다.

엄마가 뒤돌아 앉은 날이면, 그녀는 할머니 감정이
라도 풀어보려는 듯, 할머니를 주변을 서성거렸다. 할
머니는 그녀를 차가운 눈으로 쏘아보았다.

그런 날의 반복이었다.

감정이 사그라들지 않았던 할머니는 며느리가 보라
는 듯이 어린 손녀의 뺨을 후려친 것이다.

어린 그녀는 균형을 잃었다. 옆으로 주춤거리며 몇
발을 내딛다, 털썩 주저앉았다.

그녀의 엄마가 할머니에게 달려들었다. 할머니는
엄마의 머리채를 움켜잡았다. 아무도 말려주는 사람
이 없었다. 엄마와 할머니, 두 사람이 체력이 다해 스
스로 멈출 때까지 싸움은 계속됐다.

###

다음 날 아침, 그녀의 볼에 파란 멍이 들었다. 선명하게 손바닥 자국이 새겨졌다.

어린 연수가 말했다.

"엄마, 나 오늘 어린이집 안 가면 안 돼? 너무 창피해."

엄마는 아무 말도 하지 않았다. 연수의 머리카락에 빗질을 하며, 머리카락을 바짝 묶어 올렸다.

"엄마, 머리 너무 세게 묶지 마. 아프단 말이야."

아프다고 말해도 소용없었다. 엄마는 입술을 굳게 다물고, 딸의 머리카락을 끌어 머리 한가운데서 세게 묶었다.

엄마가 같이 나갈 준비를 하지 않았다. 그녀는 엄마의 눈치를 살피다, 작은 목소리로 말했다.

"엄마 나 오늘 안 데려다줘?"

엄마의 표정은 차가웠다. 파리를 내쫓는 손동작으로 그녀를 밖으로 내보냈다.

연수는 혼자 주섬주섬 신발을 신었다. 마당을 지나 대문을 나서자, 또래 친구들이 각자의 엄마와 함께 공터로 모여들었다. 곧 어린이집 차량이 도착할 시간이었다.

혼자 멍하게 서 있던 그녀에게, 옆집 아줌마가 깜짝 놀라 물었다.

"어머, 너 얼굴이 왜 그러니?"

연수는 고개를 숙이고 아무 말도 하지 못했다.

"어머, 어른들이 때렸니?"

연수는 가만히 고개를 끄떡였다. 옆집 아줌마는 충격을 받은 듯, 멈칫했다.

그리고, 다시 물었다.

"누가?"

"할머니…."

"할머니가?"

연수는 파랗게 멍든 볼을 손으로 숨기고, 고개를 끄떡였다.

옆집 아줌마는 그럴 리 없다는 듯, 화들짝 놀랐다.

바로 그 순간이었다. 옆집 아줌마의 반응에, 연수의 등골이 오싹했다.

여섯 살 아이가 섬뜩한 생각을 하고 만 것이다. 어쩌면 엄마는 일부러 머리를 묶어 올렸을지 모른다. 그녀의 볼에 새겨진 선명한 멍 자국을 온 동네에 보여주고 싶었던 것이다.

작은 마을에서 한 평생 농사를 지으며, 살아왔던 할머니는 후한 인심으로 평판이 좋았다. 사나운 며느리를 만나 노년이 불행해졌다는 소문이 마을에 돌았다.

마을 사람들이 엄마를 바라보던 시선은 곱지 않았다. 그녀의 볼에 새겨진 멍 자국은 그녀의 할머니가 얼마나 지독한 사람인지를 보여주는 상징이었다.

그날 밤, 할머니는 집에 들어오자마자, 엄마에게 달려들어 엄마의 머리채를 휘어잡았다.

"네가 무슨 짓을 했길래, 동네 사람들이 나를 개처럼 쳐다보는 거여!"

###

그녀는 아픈 과거를 회상하다가, 긴 한숨을 내쉬었다. 다 지난 일이라는 듯, 어색하게 미소를 지어 보였다.

"할머니는 독했어요. 제가 중학교에 다닐 때까지 엄마를 들들 볶았죠. 엄마는 우울증이 분명했어요.

중학교 2학년 때쯤인가, 아빠와 같이 살게 됐어요. 아빠도 자기 나름대로 악착같이 산 거죠. 사업으로 돈을 조금 번 것 같았어요.

할머니 집에서 벗어나 엄마 아빠랑 살면 행복할 줄 알았는데 그게 아니더라고요. 완전한 착각이었죠."

###

"아빠, 자꾸 어디 가?"

"잠시만, 아까부터 계속 전화가 와서…."

아빠는 저녁을 사준다며, 연수가 다니는 학원 앞으로 찾아왔다. 아빠가 평소와 달라 보였다. 아빠는 연수의 눈치를 살피며 계속 밖으로 나가 전화 통화를 했다.

아빠가 다시 와서 앉았을 때, 연수가 물었다.

"아빠, 혹시 엄마 몰래 만나는 여자 있어?"

아빠는 정색을 했다.

"그게 무슨 소리야. 뜬금 없이…. 쓸데 없는 소리 하지 말고 밥이나 먹어."

"아빠 오늘 평소와 다른 거 알지?"

철없는 아빠는 딸에게 비밀을 털어놓았다.

"사업하다가 잠시 만난 여자가 있는데, 이상하게 자꾸 연락을 해. 아빠가 외로울 때, 잠시 만났던 사람이야. 이제 엄마랑 같이 사니까, 아빠가 알아서 정리할게. 그때까지 엄마한테는 비밀이다. 꼭 비밀 지켜야 해."

그녀의 눈에 비친 아빠는, 덩치만 큰 철부지 어린애였다. 아빠가 없는 동안, 엄마와 딸이 흘린 눈물, 고통스러운 날들은 새로 장만한 아파트로 만회할 수 있다고 믿는 것 같았다.

연수는 아빠의 비밀을 엄마에게 말할 수 없었다. 함께 산지 일 년도 되지 않아 벌어진 일이었다. 엄마와 아빠가 헤어진다면, 이제 돌아갈 곳도 없었다.

그녀는 침묵을 선택했다.

며칠 후, 엄마가 연수에게 심문하듯 물었다.

"너 알고 있었지?"

그녀는 시선을 피하며 말했다.

"뭘?"

"아빠 말이야. 다른 여자 만나는 거 알고 있었잖아?"

"아빠가 그래?"

"알고 있었네. 엄마한테 왜 말 안 했어?"

"말하면 어떻게 되는데?"

엄마는 말 대신 그녀의 뺨을 후려쳤다.

"그걸 말이라고 해. 미리 말했으면, 엄마가 가만히 있었을 것 같아?"

연수의 눈에 눈물이 고였다.

"왜 나한테 그래?"

"너도 똑같아. 하는 짓이 어떻게 그렇게 아빠를 닮았니?"

연수는 참을 수 없었다.

"내가 뭘 잘못했는데!"

연수가 대들자, 엄마는 미친 사람처럼 오열하며 살림살이를 부수기 시작했다. 눈앞에 보이는 것들을 닥치는 대로 집어 들고, 연수에게 던졌다.

삐리릭.

아빠가 현관문을 열고 들어왔다. 난장판이 된 거실 한가운데 서서 아내에게 말했다.

"이 여자가 미쳤나. 지금 이게 무슨 짓이야."

아빠가 순간 멈칫했다. 입이 바짝 말랐다. 연수을 바라보며, 궁색하게 물었다.

"너 엄마한테 말했니?"

연수는 폭발했다.

"그래. 내가 말했다. 뭐 어쩔래! 왜 전부 나한테만 지랄이야!"

엄마는 남편을 쏘아보고, 돌아서서 안방으로 들어

가 버렸다.

아빠가 연수에게 말했다.

"이런 미친년. 아빠한테 못하는 소리가 없어. 아빠가 오해라고 했잖아. 아무 일도 없었다고 몇 번을 말했어? 계속 연락을 해서, 아빠도 힘들다고 말한 거잖아. 제대로 알지도 못하면서 엄마에게 말하면 어떻게 해? 널 믿은 내가 바보지."

그녀의 아빠는 굳게 닫혀버린 안방 문 앞에서, 엄마에게 사정하듯 말했다.

"여보, 오해야. 정말 오해라고. 내가 설명할게. 문 좀 열어 봐."

연수는 견딜 수 없었다. 집을 뛰쳐나갔다. 텅 빈 운동장 한 귀퉁이에 앉아 엎드려 하염없이 울었다.

"아직도 두 분은 저를 오해하고 있을 거예요. 나 때문에 이혼할 뻔했다고 생각할지도 모르죠. 오해를 바로잡고 싶지도 않아요. 저는 그냥 두 분이 한심하다고 생각거든요.

엄마도 아빠도, 제가 어떻게 되든 상관 안 하셨어

274

요. 학교 보내주고, 학원 보내주고. '그거면 됐지'라고 생각했을 거예요."

그녀의 과거에서 나는 치명적인 손상을 발견했다. 그녀는 거절과 비난을 반복적으로 경험했다. 자신의 감정을 표현하지 못하면서, 다른 누군가가 내다 버린 감정은 고스란히 마음에 담는다. 받아들이면 절대로 안 되는 감정조차, 그녀는 거부할 수 없다.

제준은 자신 안의 외로움을 연수라는 존재로 달랬다. 안전한 방식으로 자신 안의 욕구를 채우고, 연수을 버리고 떠났다.

학원 운전기사 역시 마찬가지다. 어린 연수의 취약함을 이용해, 자신의 욕구를 채웠다.

그녀는 평생 목마른 사람처럼, 사랑을 구걸하며 다닐지 모른다. 자기 아닌 모습으로 살아가면서, 남이 베푸는 작은 호의에 마음이 끌리고, 자신을 인정해주는 사람에게 의지해 살아갈지 모른다.

평생을 외로움으로 허덕였던 그녀의 삶을 어떻게 다시 시작할 수 있을 것인가. 나는 상담이 어떻게 끝나게 될지 예측할 수조차 없었다.

"얼굴에 멍이 들어, 혼자 어린이집 버스를 기다리는 어린 연수가 기억나세요?"

그녀는 차분한 목소리로 대답했다.

"네, 기억나요."

"어린 연수는 어떤 감정을 느끼고 있을까요?"

"글쎄요…. 아마도 외로움이 아닐까요?"

"조금 더 자세히 말해주실 수 있으실까요?"

그녀는 한참 동안 말이 없었다.

"잘 모르겠어요. 그냥 공터에 혼자 우두커니 서 있는 아이가 불쌍해 보이거든요."

"그렇군요. 그럼, 이제부터 나와 잠시 역할극을 해

볼 거예요. 어색하더라도 최선을 다해주세요."

나는 혼자 공터에 서 있는 어린 연수에게, 현재의 연수를 데리고 갔다. 나는 어린 연수를 역할을 맡았고, 그녀는 현재의 자신이었다.

나는 어린 연수의 입장에서, 당시의 상황과 감정을 설명하고, 현재의 연수에게 "도와달라"라고 말했다.

현재의 연수는 어린 연수에게 아무런 말도 하지 못했다. 어린 연수를 위로해줄 말이 한 마디도 떠오르지 않았던 것이다.

이것은 그녀가 상처 입은 자신을 공터에 버려두고 방치했다는 결정적인 증거였다. 상처 입은 자신과 마주한 그녀는 어찌할 바를 몰랐다.

나는 작업을 중단하고 그녀에게 물었다.

"지금 무엇이 스쳐 지나갔죠?"

그녀는 작은 목소리로 대답했다.

"공터에 혼자 서 있는 아이에게 아무 말도 못 해주고, 그 옆에서 서서 울고 있는 나를 발견했어요. 내가 어떻게 해야 할지 정말로 모르겠어요."

그녀의 말은 진심이었다. 그녀의 말속에 깊게 배어든 절망감이 내게 전해졌다.

나는 그녀를 그리스도에게로 데려가야 했다.

"다시 한 번 작업을 시도할 거예요. 지금처럼 솔직하게 반응해주시면 돼요. 그럼, 시작해 볼게요."

나와 그녀 사이에 그리스도가 계시듯, 상처 입은 그녀와 현재의 그녀 사이에도 그리스도가 계시다.

현재의 그녀가 어린 연수를 그리스도에게 데려다준다면, 그녀는 예수님께 무슨 말을 하고 싶을까.

나는 정말로 궁금했다.

그녀는 어렵게 첫 마디를 꺼냈다.

"예수님, 이 아이는 어린 시절 저예요."

그녀의 감정이 요동쳤다.

"저는 상처가 많아서, 도저히 연수를 돌봐줄 수 없어요. 이십 년이 지나도 연수는 스스로를 돌볼 수 없어요. 너무 불쌍한 아이에요.

제가 치유돼서 연수를 돌볼 수 있을 때까지, 예수님이 대신 돌봐주시면 안 돼요?

예수님이 연수를 잠시만 맡아주세요. 제가 치유되면… 어린 연수를 찾으러 올게요….”

그녀는 오열하며 울었다.

그녀의 마지막 말에, 나 역시도 눈물을 참을 수 없었다. 내가 들고 있던 노트에 눈물이 투두둑 떨어졌다. 그녀의 말을 받아 적던 메모가 번졌다.

나는 잉크가 번져나가는 노트에 시선을 고정하고, 그녀가 마음껏 울도록 충분한 시간을 줬다.

###

그녀의 감정이 차분해졌을 때, 나는 다시 물었다.

“당신이 그렇게 말할 때, 예수님의 표정이 어떠셨나요? 예수님은 어떤 분이신가요?”

그녀가 만난 예수님은 말로 다할 수 없이 따뜻했다.

정서적, 신학적으로 온전한 예수님이셨다.

내가 더 이상 덧붙일 말이 없었다.

그녀가 말했다.

"내가 나를 돌보지 못할 때에도, 나를 돌봐줄 수 있는 방법을 찾은 것 같아요. 상처 입은 나를 예수님께 데려다줄 수 있다니, 그 자체만으로 안심이 돼요. 지금까지 나는, 다른 누군가를 끊임없이 찾아다녔거든요. 소용없는 짓이라는 것을 알고 있었지만, 마치 마약에 중독된 사람처럼 끊을 수 없었어요.

말씀해주신 대로, 상처에는 완치가 없다는 말에 동의해요. 과정이 쉽지는 않겠죠. 하지만, 이제부터 나 자신을 돌볼 거예요. 절대로 공터에서 혼자 울게 내버려 두지 않으려고요."

당황스러운 감정이 밀려들었다. 나는 그녀가 부러웠다. 역설적인 상황이었다. 나는 그녀와 똑같은 성경을 읽고, 똑같은 예수님을 믿는다. 그러나, 나의 예수님은 그녀처럼 따뜻하지 않았다.

어쩌면, 내가 그녀보다 지식적으로 예수님을 더 많이 알고 있을 것이다. 더 많은 성경 구절을 외우고, 더 많은 시간 기도할지도 모른다.

그러나, 아무리 노력해도 따뜻함에 관한 차이를 극복할 수는 없을 것 같다. 누구를 원망하겠나. 아무도 원망할 수 없다. 내가 살아온 인생이었다.

그녀와 똑같은 방식으로 나는 상처 입은 나 자신을 예수님께 내어 맡긴다.

좁고 어두운 방 안에 홀로 갇혀 매질을 당하는 아이는 삼 십 년이 지나도, 두려움에 떤다. 사라지지 않는 두려움으로 평생을 고통받는 아이는, 여전히 두려운 채로 상담실 안에 머문다. 좁고 어두운 방 안에, 자신을 만나주셨던 그리스도가 계시기 때문이다.

예수님을 그리워하는 것이다.

아마도, 그는 예수님을 직접 다시 만날 때까지 좁고 어두운 방을 떠나지 않을 것이다.

그렇다.

나의 예수님은 따뜻하지 않아도, 상처 입은 한 사람을 사랑하시는 예수님은 따뜻하시다. 나는 같은 공간에서 따스한 온기를 느낀다.

내가 상처 입은 한 사람을 저버리지 못하는 이유다. 어쩌면, 나는 예수님께 사랑받기 위해, 상처 입은 한 사람을 마주하는 것이다.

나는 따뜻한 예수님이 미치도록 그립다.

치유의 고백:
상처받은 사람들의 치유 이야기

초판 1쇄 발행 2022년 3월 28일

지은이 김유비
펴낸이 김유비 펴낸곳 로고스테라피
출판등록 2022년 1월 4일 제2022-000001호
주소 인천광역시 연수구 센트럴로 263, IBS타워 24층
대표전화 010-6777-0497
이메일 service@kimyoubi.com

ⓒ김유비 2022

ISBN 979-11-978180-0-4 03230